EL MUSEO BRITÁNICO

GUÍA-RECUERDO

EL MUSEO BRITÁNICO

GUÍA-RECUERDO

© 2003 The Trustees of The British Museum

Publicado por primera vez en 2003 por The British Museum Press
Una división de The British Museum Company Ltd
38 Russell Square, London WC1B 3QQ

Thirteenth impression 2009

Parte del material de este libro ha sido publicado previamente en
The British Museum 1997 y 2000

ISBN: 978-0-7141-2799-6

Traducido por Clara I. Bezanilla

Diseñado por LewisHallam

Impreso en Italia
por Printer Trento, Trento

Página de título: pintura mural de la tumba de Nebamón, Tebas (pág. 33)
Arriba: la Copa Real de oro (pág. 83)
Página opuesta: la diosa Tara (pág. 44)

AGRADECIMIENTOS POR LAS FOTOGRAFÍAS

Todas las fotografías han sido cedidas por el Servicio Fotográfico del Museo Británico y son © The Trustees
of The British Museum, con la excepción de las siguientes:

pág. 7 Galería y Museos de Townley Hall, Burnley Borough Council; pág. 89 Pablo Picasso, *Desnudo de mujer
sentada*, 1907, © Herederos de Picasso/DACS 2008; pág. 89 E.L. Kirchner, *Retrato de Otto Mueller*, 1915,
© Ingeborg y Dr. Wolfgang Henze-Ketterer, Wichtrach/Berna; pág. 90 László Moholy-Nagy, *Construcción I*,
1923, © DACS 2008; pág. 91 *En la Casa de Horne*, 1982, © Richard Hamilton; pág. 90 *Terror. Virtud*, 1984,
© Ian Hamilton Finlay.

Mapas diseñados por ML Design

Mixed Sources
Product group from well-managed
forests and other controlled sources
www.fsc.org Cert no. CQ-COC-000012
© 1996 Forest Stewardship Council

Índice

Introducción

El Museo Británico celebró el 250º aniversario de su fundación en 2003. Hoy en día sus principales objetivos son ser un centro de erudición internacional y difundir conocimientos para la educación de todos, en el sentido más amplio de la palabra. Esto se consigue a través de las muestras que se exhiben en el museo, y en otros lugares mediante préstamos, un intenso programa de conferencias y seminarios, y la publicación de numerosos artículos y libros. Desde los primeros días de su existencia en el siglo XVII, el museo coleccionó, mostró, almacenó y preservó las obras de la humanidad (y, a veces, también las de la naturaleza) con gran rigor. Era el Siglo de las Luces y como comentara el autor de la primera guía del museo en 1761, «La curiosidad prevalece casi universalmente... Nada puede contribuir mejor a preservar la sabiduría tan abundante en este siglo que contar con depósitos en todos los países para albergar sus antigüedades, como es el caso del Museo de Gran Bretaña.»

A través de su historia, el Museo Británico no se ha limitado a ser un simple museo de antigüedades de Gran Bretaña. De hecho, en su primer siglo de existencia se había coleccionado bastante poco material procedente de este país. Los intereses del museo fueron universales desde el principio, y aunque las modas en el coleccionismo pueden detectarse a lo largo de los años, la colección tal y como existe hoy en día es

sin duda la más equilibrada del mundo en cuanto a la variedad de culturas y cronologías universales. Las colecciones que alberga el museo son muy amplias. Para muchas de sus exposiciones temporales el Museo Británico no necesita préstamos; le basta con acudir a sus extraordinarias reservas para exponer temas tan diversos como el oro de Sudamérica, la cultura de las Maldivas, los dibujos de Rembrant y la religión hindú.

La colección fundadora fue reunida por Sir Hans Sloane médico de profesión y anticuario por inclinación. Nacido en 1660, desde el primer momento Sloane se dedicó a la investigación científica. Tras una temporada en las Indias Occidentales, escribió un libro sobre la historia natural de Jamaica. A su regreso a Londres, se convirtió en un médico de moda, lo que le ayudó a financiar sus actividades de coleccionista.

A la muerte de Sloane in 1753, su colección contenía 79.575 objetos, sin incluir los especímenes de plantas de su herbario ni su biblioteca de libros y manuscritos. Quiso que su colección se donase al rey Jorge II para el beneficio de la nación. Finalmente se transfirió al Parlamento después de que una subasta pública recaudara los fondos necesarios para el establecimiento del museo. Con este propósito el Consejo de Administración (*Board of Trustees*), cuyo director era en virtud de su cargo el Arzobispo de Canterbury, adquirió

1

Montagu House, una mansión de finales del siglo XVII a las afueras de Londres. El Museo Británico abrió sus puertas al público por primera vez el 15 de enero de 1759, para «personas estudiosas y curiosas» tal y como se les describía en aquel entonces. Aunque la entrada era gratuita, había que adquirir un billete mediante tortuosos medios y una vez dentro era necesario unirse a una visita guiada.

El nuevo museo empezó a coleccionar de forma entusiasta; y una gran proporción de sus adquisiciones provenían de donativos. Durante los primeros días

2

3

de su existencia había una tendencia a coleccionar especímenes de historia natural, como los materiales coleccionados por el Capitán James Cook en sus viajes de circunnavegación. Los objetos etnográficos también procedían de las mismas fuentes. Por aquel entonces, Gran Bretaña participaba activamente en los viajes de descubrimiento, pero los británicos también empezaban a descubrir el mundo clásico en la Gran Gira. Sir William Hamilton, Enviado Británico en Nápoles, coleccionó cerámica griega y envió dos barcos cargados a Inglaterra (aunque sólo llegó uno de ellos). Fue gracias a Hamilton que el museo consiguió el Vaso de Portland. El museo también compró la famosa colección de esculturas de Charles Townley, acumulada en Roma. La derrota del ejército de Napoleón en Egipto llevó a la adquisición de la Piedra de Rosetta además de otras antigüedades egipcias. En 1816 llegó al museo quizá el grupo de esculturas más importante de los que se añadirían a las colecciones: los delicados mármoles del Partenón de Atenas. Lord Elgin fue nombrado Embajador en Constantinopla en 1799. Preocupado por la destrucción de los restos clásicos en Grecia, reunió a un equipo de artistas y arquitectos para registrar lo que había sobrevivido y posteriormente obtuvo permiso de las autoridades para retirar las piedras talladas. Las esculturas llegaron a Londres en 1802, y Elgin las mostró en público. Catorce años después, al atravesar dificultades económicas, las vendió al gobierno y cuando pasaron a formar parte de las colecciones del museo, despertaron inmediatamente un gran interés.

Los enviados y embajadores británicos desempeñaron un papel importante en la ampliación de las colecciones arqueológicas. El entonces Cónsul General de Egipto, Henry Salt, reunió, con la ayuda del agente Giovanni Belzoni, una gran colección de tesoros que incluía un gran número de esculturas colosales, como la

4

cabeza del faraón Amenhotep III, adquirida por los miembros del consejo de administración del museo en 1823. Salt también donó, en 1818, la famosa cabeza de Ramsés II. La fascinación por la arqueología de las tierras bíblicas expandió las actividades coleccionistas hasta el Oriente Medio. Claudius Rich, residente en Bagdad desde 1811 hasta 1820, formó una pequeña colección de ladrillos inscritos, sellos cilíndricos y tabletas grabadas procedentes de las llanuras de los ríos Tigris y Éufrates, y con ello estableció la base de la colección de las antigüedades babilónicas y asirias del museo.

A principios del siglo XIX ya era evidente que Montagu House se había quedado pequeña para su cometido. No

sólo las colecciones de antigüedades crecían rápidamente sino que los especímenes de historia natural y la biblioteca agravaban el problema. A esto se sumaba la presión del público que visitaba el museo cada vez en mayor número; en 1814 los miembros del consejo de administración señalaron que entre 28.000 y 30.000 personas habían visitado las colecciones durante el año anterior. El problema llegó a un punto crítico en 1823 cuando el rey Jorge IV ofreció al museo la biblioteca de su padre que contenía casi 85.000 volúmenes. Un año después se decidió levantar un nuevo edificio al norte de Montagu House y se eligió a Sir Robert Smirke como arquitecto del mismo. El nuevo museo consistiría en galerías iluminadas por aberturas en los

1　Sir Hans Sloane (1660-1753). Sus colecciones constituyeron los cimientos del Museo Británico en 1753. Grabado de I. Faber, 1728

2　Montagu House, la primera sede del Museo Británico.

3　Jirafas disecadas en las escaleras del primer museo, sito en Montagu House.

4　Charles Townley (1737-1805) y su colección. Cuadro pintado por Johan Zoffany.

5

6

laterales y en el techo, edificadas en torno a un patio. Esto se logró a principios de la década de 1840 y la última sección principal del edificio que se construyó fue el gran pórtico con sus columnas acanaladas y capiteles jónicos. A medida que se avanzaba en el pórtico frontal se derribó Montagu House. En el año 1850 el Museo Británico tenía casi la misma apariencia que hoy en día.

Sin embargo, los problemas de espacio no quedaron resueltos del todo. La famosa Sala de Lectura (*Round Reading Room*) fue construida en el jardín del patio muy poco después y se abrió a los lectores en 1857. Las colecciones de historia natural también planteaban problemas, y finalmente se decidió que debían separarse de los artefactos y en 1880 se trasladaron a South Kensington, al oeste de Londres. El nuevo museo de Smirke seguía sin ser lo suficientemente espacioso y una comisión parlamentaria de 1850 indicó que algunos aspectos de la colección no se atendían lo suficiente. Esto dio como resultado el nombramiento de Agustus Wollaston Franks, un conservador de museo con amplios intereses y conocimientos, quien en casi cincuenta años aumentó las colecciones de antigüedades europeas posteriores al periodo clásico, etnografía y arte oriental. A principios del siglo XX el Museo Británico había establecido la cobertura de sus colecciones cumpliendo así las aspiraciones de sus fundadores, aunque en 1973 se decidió

volver a dividir las colecciones, formando la nueva Biblioteca Británica con los libros y manuscritos.

¿Qué caracteriza al Museo Británico hoy en día? Lo más importante es un mayor énfasis del que se había puesto hasta ahora en la interpretación. La erudición en el estudio histórico y arqueológico, además de la investigación científica, permiten al museo adoptar un enfoque multidisciplinario muy oportuno para sus amplias y diversas colecciones. Quizá el aspecto más destacable sea la importancia que el museo concede a la

difusión de dicha erudición a muchos niveles y dirigida a un público lo más amplio posible, no sólo dentro de los confines de las salas del museo sino más allá de éstas.

Todo esto no significa que se haya ignorado la adquisición de nuevas colecciones. El final del siglo XX fue una etapa muy activa, en particular con la adquisición de material cultural por parte de los antropólogos del museo. El museo siempre ha contado principalmente con donaciones y legados privados para sus adquisiciones y en la actualidad cuenta

Aprendizaje y Enseñanza

Son relativamente pocos los objetos que entran a formar parte de las colecciones del Museo Británico que se hayan identificado a ciencia cierta o de los que se conozca su historia. Es la labor del museo ampliar al máximo la información sobre cada uno de los objetos y su contexto. Son los conservadores del museo quienes principalmente realizan la investigación, pero tanto los científicos como los restauradores realizan un trabajo de estudio vital. Además, el museo desempeña un importante papel como centro de erudición para estudiosos procedentes de todo el mundo, que vienen a consultar las colecciones e intercambiar información. El museo es un lugar de aprendizaje en el más amplio sentido de la palabra, y todo el personal tiene la responsabilidad de compartir y diseminar sus conocimientos a todos aquellos interesados. Tanto el público como los profesionales de la enseñanza tienen acceso a los expertos del museo a través de la correspondencia y de las Salas Departamentales para Estudiantes, así como a la información más actualizada mediante conferencias, seminarios, exposiciones especiales y amplios programas de publicaciones y educativos.

7

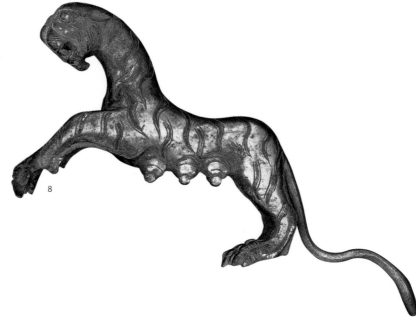

8

9

además con el apoyo de entidades nacionales como los Fondos de Lotería para el Patrimonio (*Heritage Lottery Fund*), los Fondos Conmemorativos para el Patrimonio (*Heritage Memorial Fund*), los Fondos para las Colecciones Nacionales de Arte (*National Art Collections Fund*) y los Amigos del Museo Británico (*British Museum Friends*), antes denominada la Sociedad del Museo Británico (*British Museum Society*).

Las excavaciones y el trabajo de campo se practican de forma más activas que nunca. El objetivo del trabajo de campo es la investigación y además añadir materiales representativos de las culturas contemporáneas a las colecciones del museo. Esto le permite cumplir su papel de ser el museo de las culturas pasadas y presentes. El museo lleva también a cabo excavaciones a fin de profundizar en el saber y proporcionar un método incalculable de aportar nuevos materiales a las colecciones, aunque no todos los hallazgos llegan al museo.

Tradicionalmente el Museo Británico ha realizado excavaciones en el Valle del Nilo (Egipto y Sudán) y el Próximo Oriente y su importante trabajo en este campo continúa, a menudo en colaboración con otros organismos. Pero además, el museo lleva a cabo excavaciones en Gran Bretaña, así como en otros países del mundo. La evaluación de los descubrimientos forma una parte importante del trabajo del museo; el tamaño e importancia de un yacimiento supone que puede llevar muchos años completar la excavación y el análisis de los hallazgos.

Las colecciones abarcan el Antiguo Egipto y el Antiguo Sudán; el Próximo Oriente Antiguo; África, Oceanía y las Américas; Asia; el Mundo Clásico; Europa; Monedas y Medallas, y Grabados y Dibujos. El conjunto de todas ellas hacen del Museo Británico quizá la mejor introducción a las culturas y civilizaciones de todo el mundo que existe hoy en día.

| 5 | La cabeza del caballo del carro de Selena (la diosa luna) procedente del frontón este del Partenón de Atenas. | 6 | La Piedra de Rosetta, uno de los más importantes tesoros del Museo Británico. Egipcia, 196 a.C. Proporcionó la clave para descifrar los antiguos jeroglíficos egipcios. | 7 | Traslado de la colosal cabeza de Ramsés II a la nueva galería de escultura griega en 1834. | 8 | La tigresa de plata, parte del Tesoro de Hoxne. Romana, siglo IV d.C. En 1992 se descubrió un impresionante tesoro romano en Hoxne, Suffolk. Fue adquirido por el museo con la ayuda de National Heritage Memorial Fund, National Art Collections Fund y British Museum Society. | 9 | El «Cofre de Franks». Anglo-Sajón, de Northumbria, Inglaterra. Hueso de ballena, aprox. 700 d.C. El Cofre fue comprado por Augustus Wollaston Franks y presentado al museo en 1867. |

El Patio Principal

El extraordinario nuevo centro del Museo Británico, conocido como el Patio Principal (*Great Court*) de la Reina Isabel II, se inauguró en diciembre del año 2000. Fue creado en respuesta a las demandas y necesidades que evolucionaban perpetuamente, y a las nuevas oportunidades que surgieron. La mayor parte del museo fue diseñada por Smirke in 1823, una época en la que el número máximo anual de visitantes era de aproximadamente 100.000. Para la década de 1990 el número de visitantes durante algunos de los años superó los 6 millones. El museo estaba muy concurrido y se había vuelto incómodo, y las instalaciones, como las salas pedagógicas, las salas de exposiciones temporales, las tiendas y los restaurantes, que no estaban incluidos en las especificaciones de Smirke, eran inadecuadas.

En 1973 los departamentos relacionados con la biblioteca del museo se separaron de los departamentos de colecciones de objetos para convertirse en la Biblioteca Británica, y en 1998 la Biblioteca se trasladó a un nuevo edificio al lado de la estación ferroviaria de St. Pancras, liberando así el 40 por ciento aproximadamente del espacio del museo. El museo concibió planes para construir un edificio más racional, que permitiera una mayor facilidad de circulación y que contara con las nuevas instalaciones para el visitante que tanta falta hacían. Y más importante aún, las colecciones del Departamento de Etnografía podrían volver a Bloomsbury procedentes del Museo del Hombre (*Museum of Mankind*), su domicilio en Piccadilly al que habían sido exiliadas en 1970.

La clave de todo esto era el patio de Smirke, originariamente un jardín en el centro de las salas de exposiciones. En 1854 la construcción de la Sala de Lectura del Museo Británico, una impresionante sala circular coronada por un gran domo y finalizada en 1857, fue ocupando un espacio del patio cada vez mayor. La Sala de Lectura había sido construida en el centro del patio pero todo el espacio sobrante alrededor se fue llenando de edificios secundarios. Durante la elaboración de las especificaciones para el concurso de arquitectura, presentadas en 1993, los miembros del consejo administración estipularon que estos otros edificios debían ser demolidos.

La firma de arquitectos elegida para trabajar con el museo fue Foster and Partners. El proyecto de Sir Norman (hoy Lord) Foster es un concepto admirablemente simple. Se ha creado un nuevo espacio para el público alrededor de la Sala de Lectura, mediante la construcción de un nivel en la planta principal que cruza el patio y que conecta con las galerías de Smirke por todas partes. Esto resuelve el problema de acceso, circulación y congestión de una manera bien simple. Por debajo de la planta principal están el Centro Pedagógico y las Salas Sainsbury de arte africano. Se han construido escaleras que rodean la Sala de Lectura hasta llegar a un nuevo edificio de tres pisos de altura adyacente a la parte norte, y que contiene tiendas, una sala de exposiciones y un restaurante en el último piso. Desde aquí hay un puente que lleva a las salas de las plantas superiores. Uno de los complementos del proyecto original fue la remodelación de la antigua Biblioteca Norte, creando así por primera vez una

ruta norte-sur a través del museo. Un magnífico y delicado techo de acero y vidrio, semejante a una tela de araña, remata el Patio Principal. Con su amplitud y la altura de su techo, el Patio Principal se ha convertido en una plaza urbana cubierta, la primera en Londres, y en ella se han instalado algunas imponentes esculturas.

El esquema del Patio Principal fue financiado con subvenciones de la Comisión del Milenio (*Millennium Commission*) y de los Fondos de Lotería para el Patrimonio (*Heritage Lottery Fund*). Gracias a las generosas donaciones de empresas patrocinadoras, o al patrocinio privado y anónimo, se reunieron las considerables sumas que faltaban. Entre las nuevas instalaciones están el Centro Pedagógico Clore y, asociado a éste, el Centro Ford para jóvenes visitantes. La remodelada Sala de Lectura alberga la Biblioteca Hamlyn. Las nuevas salas de exposición incluyen la Sala de Joseph Hotung del Patio Principal (para exposiciones temporales) y la Sala del Wellcome Trust con su premiada exposición «Living and Dying».

Para el 250º aniversario del museo en 2003 se restauró su galería principal, la Biblioteca del Rey. Se inauguró en 1827 para albergar la colección de libros amasada por Jorge III (ahora en la Biblioteca Británica). Una exposición permanente sobre la Ilustración titulada «Discovering the World in the 18th Century» muestra cómo los estudios de la naturaleza y de artefactos hechos por la humanidad, durante el período entre la fundación del museo en 1753 y principios del siglo XIX, formaron las bases del conocimiento moderno del mundo. Este asunto no puede estar mejor ilustrado en ningún otro lugar como en el Museo Británico.

2

3

1	La Enlightenment Gallery (Sala de la Ilustración), inaugurada en 2003.
2	El Patio Principal de la Reina Isabel II visto desde el Pórtico Sur.
3	El interior de la Sala de Lectura diseñada por el hermano de Robert Smirke, Sydney, ha sido restaurada, incluyendo el dorado de su domo.

El Próximo Oriente Antiguo

La zona conocida hoy en día como el Próximo Oriente antiguo comprende la mayor parte de lo que es actualmente el Oriente Medio, cubriendo los estados del Golfo, Irán, Irak, Siria, Jordania, Israel, los Territorios Palestinos, Líbano y Turquía. En el centro de esta región se encuentran los desiertos sirio y árabe, y la población vivió, tanto antiguamente como ahora, dentro del llamado Creciente Fértil, donde la lluvia o los ríos proveen agua suficiente para sobrevivir. Los ríos Tigris y Éufrates forman la parte sudeste de este creciente, una región conocida como Mesopotamia. El resto de la zona fértil se extiende en dirección al noroeste hacia la costa sur de Turquía, también conocida como Anatolia. El creciente gira luego hacia el sur, a lo largo de la costa este del mar Mediterráneo, hasta la zona conocida como el Levante.

Las primeras señales de civilización aparecieron dentro del Creciente Fértil. Hacia el año 7000 a.C., el período Neolítico se caracterizó por la domesticación temprana de animales y de plantas y el asentamiento de grupos de población en comunidades agrícolas permanentes. Luego vino la manufactura de cerámica, que se desarrolló gradualmente hasta convertirse en una sofisticada tecnología, tal y como lo demuestra la vasija de Susa aquí ilustrada. En la etapa final del Neolítico, el comercio de artículos poco comunes se hizo más frecuente de tal manera que para los principios del urbanismo, materiales como el lapislázuli, la obsidiana y el betumen se comerciaban a grandes distancias. En el año 3500 a.C., ya dominaban la minería, la fundición y la metalurgia, y puede decirse que la siguiente innovación tecnológica no ocurriría hasta que se inventó el plástico.

Poco antes del año 3000 a.C. surgieron las primeras ciudades en Mesopotamia. La población creció, y emergieron ciertas estructuras como la estratificación social y la especialización artesanal. Cada ciudad operaba como un pequeño estado con su propio gobernante. Al principio, parece que el poder radicaba en los sacerdotes. Por lo tanto, los gobernantes de las ciudades estado en la antigua Sumer, en el sur de Irak, eran personajes religiosos. Durante este período, hubo una expansión hacia el norte cuyo motivo fue la adquisición de materias primas como piedra, madera y minerales, que escaseaban en el sur. Los hallazgos procedentes de la ciudad de Tell Brak en el noreste de Siria son una prueba de la llegada de pueblos del sur de Meso-potamia. A pesar de todo, los habitantes locales conservaron sus costumbres y su identidad, como lo demuestran sus peculiares figurines de ídolos.

El control secular fue emergiendo gradualmente dentro de las ciudades estado mesopotámicas y aunque las instituciones religiosas conservaron su importancia, eran los reyes y no los

1

2

3

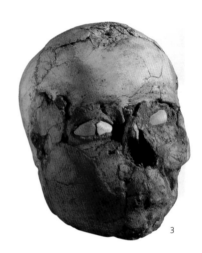

Neolítico Pre-Cerámico			Neolítico Cerámico	
7000 a.C.	6000 a.C.		5000 a.C.	4000

sacerdotes quienes gobernaban. En las excavaciones arqueológicas llevadas a cabo por Sir Leonard Woolley en la ciudad de Ur en la década de 1920 se descubrieron majestuosos enterramientos que indicaban la existencia de un grupo de alto rango entre los pobladores de la ciudad. Estos individuos eran enterrados con ricos objetos de oro, plata, carnelia y lapislázuli, y los hombres y las mujeres de su séquito les acompañaban a la tumba. La tumba más grande de Ur contenía 74 miembros del séquito, sacrificados como acompañantes del enterramiento principal.

Hacia el año 2500 d.C. los reyes de Acad, una región al norte de Sumer, asumieron el poder. El rey Sargón y su nieto Naram-Sin llevaron a cabo extensas

4

5

1. Vaso pintado. Procedente de Susa, sudoeste de Irán, aprox. 4000 a.C. Es un ejemplar típico de la cerámica encontrada en las tumbas de un gran cementerio. La cerámica se hacía cuidadosamente a mano y las mejores piezas deben haber pertenecido a gente importante.

2. Ídolo de alabastro. Procedente de Tell Brak, noreste de Siria, aprox. 3500-3000 a.C. Se han encontrado cientos de estos pequeños figurines de ojos saltones. Es probable que representen a personas devotas y que fueran depositados como ofrendas.

3. Cráneo recubierto con estuco con ojos de concha incrustada. Procedente de Jericó, séptimo milenio a.C. Este objeto podría estar relacionado con alguna forma de culto ancestral.

4. Estatua de macho cabrío Procedente de Ur, sur de Irak, aprox. 2600 a.C. Forma parte de una pareja descubierta en la Necrópolis Real. Aunque en realidad es una cabra, fue llamado «Carnero en el Matorral» por Sir Leonard Woolley porque le gustaban las alusiones bíblicas.

5. El «Estandarte de Ur». Mosaico de concha y piedra engastado en betumen, originariamente sobre una base de madera, aprox. 2600 a.C. Este objeto (posiblemente la caja de sonido de un instrumento musical) es uno de los artículos del tesoro recuperado por Sir Leonard Woolley en la Necrópolis Real de Ur.

	Edad del Bronce Antiguo		Bronce Final y Período Amarna	Imperios Asirio y Babilonio
Calcolítico		Bronce Medio		Edad del Hierro
3000 a.C.		2000 a.C.	1000 a.C.	

6

7

campañas militares y su poder se hizo
notar en toda Mesopotamia, desde el
Golfo hasta la costa mediterránea. Su
influencia llegó hasta Tell Brak, donde
Naram-Sin construyó un fuerte.

Durante el segundo milenio a.C., los
asirios al norte y los babilonios al sur se
disputaban el control de Mesopotamia.
A principios del primer milenio, los asirios
se convirtieron en el poder dominante y
gobernaron Mesopotamia durante 300
años desde sus magníficas capitales en
Nimrud, Jorsabad y Nínive, actualmente
en el norte de Irak. Su imperio fue
derrotado finalmente por el rey babilonio
Nabopolasar en 612 a.C. Mientras tanto,
otros poderosos estados iban emergiendo.
A partir del 1500 a.C., el territorio del
imperio hitita se extendió hacia el sur,
desde Turquía central hasta Siria, llegando
hasta la frontera de la zona controlada
por Egipto, en los territorios de la actual
Israel y Jordania. Las ciudades estado de
esta zona comerciaban con Egipto y
Mesopotamia y de esta forma fueron
adquiriendo poder militar y económico. El
imperio hitita colapsó hacia 1200 a.C. y
fue sustituido por bases de poder más
pequeñas como los urartos, los frigios y
los lidios. El Levante fue controlado por
los Pueblos del Mar y luego por los
fenicios en el norte y por Israel y Judea
más al sur, antes de sucumbir al dominio
asirio. En Irán, los medos rechazaron las
invasiones de urartos y asirios, dando
lugar finalmente al surgimiento de Persia
como poder dominante en el siglo VI a.C.

8

Imperios Asirio y Babilonio				Era Seléucida		
			Imperio Aqueménido			Era Parta
700 a.C.	600 a.C.	500 a.C.	400 a.C.	300 a.C.	200 a.C.	100 a.C.

Mesopotamia fue la cuna de la escritura. Al principio, la escritura consistía en símbolos y era utilizada para la contabilidad. Los pictogramas se imprimían en arcilla húmeda utilizando un junco como estilo. En este sistema, una cabeza de buey indicaba un buey y un sol naciente indicaba un día. Estos símbolos se acompañaban de círculos y semicírculos que representaban los números. Para el tercer milenio, los pictogramas se habían vuelto muy estilizados y eran ya irreconocibles como imágenes. Los símbolos se desarrollaron hasta llegar a representar sílabas, y paulatinamente fue posible escribir frases y expresar ideas usando los signos «cuneiformes», es decir, en forma de cuña.

9

10

6 Sello cilíndrico mesopotámico (e impresión). Lapislázuli con casquetes de oro, período Acadio, 2333-2193 a.C. Los sellos se hacían rodar sobre las tablillas de arcilla mojada o sobre los sellos de recipientes y puertas como forma de seguridad.

7 Pequeña figurilla de oro representando a un dios hitita. Procedente de Anatolia, aprox. 1400-1200 a.C. Esta figurilla lleva un arma curvada que le identifica quizá como a un dios de la caza.

8 Escultura en marfil, procedente de Nimrud, 800-750 a.C. Este marfil de estilo fenicio, originalmente decorado con láminas de oro e incrustaciones de lapislázuli y carnelia, muestra a un muchacho nubio atacado por una leona.

9 Mapa del mundo. Babilonio, aprox. 700-500 a.C., probablemente de Sippar, sur de Irak. Babilonia aparece en el centro de este mapa único del mundo mesopotámico.

10 Estatua colosal de un león alado con cabeza humana del Palacio Noroeste de Asurnasipal II en Nimrud. Neoasirio, aprox. 865 a.C. Parte de una pareja de figuras guardianas llamadas *lamassu* instaladas para proteger el palacio contra las fuerzas demoníacas.

Imperio Romano			Imperio Bizantino				
				Imperio Sasánida			Conquista Árabe y Era Islámica
100 d.C.	200 d.C.	300 d.C.	400 d.C.	500 d.C.	600 d.C.	700 d.C.	

11

Relieves de un Palacio Asirio

Los reyes neoasirios que controlaron el Próximo Oriente desde Egipto hasta el Golfo Pérsico entre los siglos IX y VII a.C., gobernaron desde una serie de capitales en Nimrud, Jorsabad y Nínive. Los centros de estas ciudades fueron los grandes palacios reales, con sus monumentales puertas protegidas por leones y toros alados con cabezas humanas y sus paredes cubiertas con losas de piedra esculpidas mostrando las hazañas reales, como cacerías y guerras. El Museo Británico es el único lugar donde pueden verse tantas secuencias de losas, magníficamente conservadas, en su orden original. Excavadas en su mayoría por Sir Henry Layard entre 1845 y 1855, incluyen los famosos relieves del rey Asurbanipal cazando leones. Los relieves proceden de su palacio en Nínive (aprox. 645 a.C.).

El cuneiforme se convirtió en la escritura utilizada para escribir muchas de las lenguas usadas en el Próximo Oriente, tal y como se usa el alfabeto romano para escribir varias lenguas hoy en día. Se ha preservado una amplia gama de materiales escritos en arcilla y piedra, entre los que se encuentran cartas, textos astrológicos, matemáticos e históricos, cuentos mitológicos, canciones, poemas, leyes, decretos, mapas e incluso una receta para cerveza.

A mediados del primer milenio a.C. los antiguos poderes del Próximo Oriente sucumbieron ante Persia. Fueron los medos los primeros que extendieron su imperio más allá del actual Irán hasta el este de Turquía. A su vez, en el siglo VI a.C., el rey persa Ciro derrotó a los medos y reclamó sus territorios. Construyó una gran capital en Pasagardas, capturó Babilonia y estableció luego un vasto imperio que se extendía desde el Mediterráneo hasta el este de Irán. Darío cimentó este territorio acallando las rebeliones y estableciendo un sistema de gobernadores llamados sátrapas. Ordenó también construir un lujoso centro ceremonial en Persépolis y la «Calzada Real» que recorría miles de millas desde Susa en el sudoeste de Irán hasta Sardis en el oeste de Turquía.

Aunque los persas controlaron un vasto imperio, ni Darío ni su sucesor Jerjes fueron capaces de conquistar la Grecia

12

13

continental, a pesar de realizar repetidas incursiones en el siglo V a.C. El esplendor y la opulencia de los reyes de Persia hizo que sus nombres se convirtieran en sinónimos de fastuosidad y poder entre los habitantes de las ciudades estado griegas. Persia consiguió subyugar las ciudades griegas de la costa oeste de Anatolia, pero éstas fueron liberadas en el año 334 a.C. cuando Alejandro Magno llegó a Asia y se lanzó contra el interior del imperio persa. Tras la derrota del rey persa Darío III en el año 331 a.C., Alejandro fue coronado rey de Persia y se casó con una princesa de la región. En la cumbre del poder, su imperio se extendía hasta la India, pero después de su muerte fue dividido entre sus generales.

El Próximo Oriente cayó luego bajo el control de la dinastía Seléucida. En el año 238 a.C., los seléucidas perdieron los territorios al este del Éufrates que pasaron a manos de una dinastía Parta procedente del noreste y, a pesar de los años que estuvieron bajo influencia griega, la zona se volvió hostil hacia los poderes occidentales. A continuación Roma llevó a cabo varias encarnizadas campañas contra los partos y sus sucesores, los sasánidas, pero la región se mantuvo bajo el poder sasánida hasta la conquista islámica en el año 651 d.C.

14

11 La tablilla del Diluvio, procedente de la biblioteca de Asurbanipal en Nínive, siglo VII a.C. Inscrita en cuneiforme con la versión babilónica de la historia bíblica del Diluvio, esta tablilla destaca las similitudes entre la religión semítica y las mitologías.

12 Figura en bronce de un toro alado con torso humano. Procedente de Urartu, aprox. 700 a.C.

13 El Tesoro de Oxus. Período aqueménido, aprox. 550-400 a.C. Brazalete de oro con dos grifos saltando y maqueta en oro de un carro de cuatro caballos, parte de una colección de objetos preciosos supuestamente descubiertos en las orillas del río Oxus en 1880.

14 Relieve en piedra mostrando una esfinge masculina que lleva un tocado con cuernos, símbolo de divinidad. Aqueménido, siglo V a.C. Procedente de Persépolis, reinado de Artajerjes III (358-338 a.C.). Esta es una versión persa de las figuras de guardias asirios (véase el núm. 10).

El Mundo Islámico

La historia del islam comenzó en Arabia en el año 622 d.C., cuando el profeta Mahoma emigró de la Meca a Medina y estableció una comunidad de creyentes. Tras la muerte del profeta en el año 632, el liderazgo de la comunidad islámica pasó a una serie de califas, el segundo de los cuales, Omar, emprendió una activa conversión al islam de los pueblos vecinos. Tras la muerte de Omar, el califato pasó primero a Otomán, y luego a Alí, primo del profeta y de él a otra rama de la familia, la dinastía Omeya. Los omeya gobernaron desde Damasco hasta mediados del siglo VIII, cuando fueron derrotados por los abasíes de Bagdad. Ya para entonces los debilitados imperios bizantino, visigodo y sasánido habían sucumbido frente a los ejércitos musulmanes, y el mundo islámico se extendía desde Afganistán, Irán e Irak por el este pasando por Siria, Egipto y la costa norte de África hasta España en el oeste. Surgieron enormes ciudades y se construyeron mezquitas y universidades como centros de enseñanza del islam.

Muchas de las regiones convertidas al islam tenían venerables tradiciones propias: desde mediados del primer milenio a.C. el sur de Arabia había sido la cuna de antiguos reinos semíticos como Saba, Qatabán y Hadrumat. Lejos de ignorar estas culturas preislámicas, los conquistadores árabes las utilizaron en su propio beneficio: en Siria e Irán,

por ejemplo, los nuevos regímenes musulmanes fueron afianzándose abiertamente sobre las bases de las culturas grecorromana y sasánida. Esta actitud también se extendió al aprendizaje: los eruditos árabes e iraníes preservaron, tradujeron y copiaron los manuscritos matemáticos y científicos griegos, mientras que la Europa medieval los ignoró.

No obstante, el arte del mundo islámico pronto desarrolló características comunes. La lengua del Corán, el árabe, es inmutable ya que este libro sagrado musulmán es considerado en el islam como la palabra literal de Dios tal y como se la reveló a Mahoma. Así que los creyentes cultos del mundo musulmán aprendieron el árabe. En un mundo aunado por la palabra escrita, la caligrafía adquirió una importancia vital e incluso los textos más breves, como los monogramas imperiales se realizaban con la mayor atención al diseño. Aunque caracterísitca de principios de la era islámica, la elegante escritura cúfica quedó eclipsada más tarde por los fluidos estilos de las escrituras Naskhi y Thuluth. Otra característica fue la falta de figuras humanas y animales en contextos religiosos, que alentó el uso de diseños geométricos y abstractos, incluidos los elegantes motivos de plantas estilizadas conocidos como arabescos.

Incluso en tiempos del profeta Mahoma, las artes decorativas (los textiles y objetos de cerámica, vidrio y

1

		Los «Califas Ortodoxos» 632-661 d.C.		Abasíes de Bagdad 749-1258 d.C.			
Emigración del profeta Mahoma a Medina 622 d.C.							
Muerte de Mahoma 632 d. C.		Omeyas 661-750 d.C.			Fatimidas de El Cairo 969-1171 d.C.		Iljan 1220-1335 d.C
600 d.C.	700 d.C.	800 d.C.	900 d.C.	1000 d.C.	1100 d.C.	1200 d.C.	1300

2

3

4

<table>
<tr><td>1</td><td>Aguamanil de latón incrustado con plata, procedente de Herat, Afganistán, aprox. 1200 d.C. La gran pericia lograda por los orfebres puede verse en la decoración incrustada y en las figuras de pájaros y leones en relieve.</td><td>2</td><td>Panel de mármol esculpido de un cenotafio. Procedente de El Cairo, 967 d.C. El estricto cumplimiento islámico prohíbe la construcción de tumbas elaboradas, por lo que con frecuencia el difunto era conmemorado con cenotafios. La majestuosa inscripción cúfica dice «En el Nombre de Dios Misericordioso».</td><td>3</td><td>Cuenco de cerámica. Irán. Firmado por Abu Zaid. Fechado 583 de Muharram (primer mes del año islámico) / marzo-abril 1187 d.C. Es uno de los 5 producidos por el maestro alfarero Abu Zaid en Muharram. La técnica decorativa, llamada mina'i, requiere de dos fases de cocción en la que algunos de los colores se aplican sobre el vidriado transparente y otros por debajo.</td><td>4</td><td>Dinar de oro del califa abasí al-Musta'sim, 1242-58 d.C. En la escritura cúfica hay muchas formas diferentes de ornamentación. El extremo de las letras de esta moneda se extiende como follaje.</td></tr>
</table>

melucos de El Cairo 1250-1517 d.C.		Mongoles 1526-1858 d.C. Delhi, Agra				
	1453 d.C. Los otomanos conquistan Estambul	Otomanos aprox. 1281-1924 d.C.				
Timuríes 1370-1506 d.C.	Safávidas 1501-1722 d.C. Irán			Qajars 1779-1925 d.C.		
1400 d.C.	1500 d.C.	1600 d.C.	1700 d.C.	1800 d.C.	1900 d.C.	2000 d.C.

metal) eran famosas por la belleza de su acabado. Siguieron desempeñando un papel importante en el mundo islámico y fueron un medio natural para plasmar el vocabulario decorativo que caracteriza el arte islámico. Y así, los diseños geométricos, los arabescos con forma de voluta de vid y la caligrafía aparecen, bien solos o combinados, en todas las artes decorativas islámicas. Representaciones de animales y de personas adornan también pequeños objetos utilizados en entornos seculares así como en la arquitectura no religiosa, desde los principios del islam. A partir del siglo IX, el comercio con oriente introdujo las sedas y porcelanas chinas que tendrían un profundo efecto en el diseño textil y cerámico, y en la

tecnología. Aunque los alfareros musulmanes no tenían los materiales y hornos necesarios para producir porcelana, sus esfuerzos por imitar su blancura y transparencia condujo a nuevas técnicas de vidriado y finalmente, en el siglo XI, al desarrollo del barro empastado, un material cerámico duro y blanco. Con este nuevo material, los alfareros de Egipto, Siria e Irán produjeron cerámica de una asombrosa diversidad de formas, colores y tipos de vidriado. Asimismo, a partir de la segunda mitad del siglo XII los orfebres del este del mundo islámico adoptaron nuevas técnicas de incrustación de objetos de latón con cobre, oro y plata. Se introdujeron nuevas ideas a través del comercio con Europa que dieron pie,

por ejemplo, a la industria veneciana de vidrio esmaltado y fomentaron el uso de incrustaciones de metales preciosos en los recipientes de latón.

La segunda mitad del milenio fue testigo del establecimiento de grandes imperios y dinastías más duraderas. Entre ellos los otomanos, conquistadores de los territorios al este de Bizancio y el imperio mameluco, que convirtió Estambul en su capital en el año 1453; los safávidas que gobernaron Irán desde el siglo XVI hasta el siglo XVIII; sus sucesores, los qajars, que duraron hasta el siglo XX; y los mongoles que controlaron gran parte de la India desde el siglo XVI hasta el siglo XIX.

5

6

7

La Fe Islámica

Los musulmanes creen que la fe del islam, que significa «sumisión», fue divinamente revelada al profeta Mahoma, que la puso por escrito en el libro sagrado, conocido como el Corán. Creen en un único Dios, y reconocen a los profetas del Antiguo Testamento y a Jesús, como otro profeta, pero no como el Hijo de Dios. En el islam no existe el sacerdocio, aunque hay eruditos religiosos que ofrecen opiniones legales y teológicas y la mayoría de las mezquitas cuentan con un imán para dirigir las oraciones. Todos los musulmanes deben observar las «cinco obligaciones canónicas» del islam. La primera de ellas es la afirmación de la existencia de un único Dios y del profeta Mahoma como su Mensajero. La segunda es la oración. La tercera es la caridad, la cuarta ayunar durante el mes santo del ramadán y la quinta, si es posible, la peregrinación a La Meca.

8

9

| 5 | Incensario esférico. Hecho para Badr al-Din Baysari. Latón con incrustaciones de plata. Siria, 1277-9. Su dueño era un rico y poderoso ministro en la corte del Mameluco. Esta esfera es un ejemplar típico de los opulentos objetos de latón incrustado hechos en Egipto y Siria durante la época de los mamelucos. En su interior se aloja un plato para el incienso suspendido por aros de metal. | 6 | Lámpara de vidrio de una mezquita. Procedente de Egipto o Siria, 1330-35 d.C. Los sultanes mamelucos gobernaron Egipto y Siria desde mediados del siglo XIII hasta principios del siglo XVI, y encargaron una gran cantidad de lámparas de cristal esmaltado y dorado para las muchas mezquitas que ellos y sus funcionarios edificaron en El Cairo. | 7 | Astrolabio de latón, procedente de Irán, 1712 d.C. El astrolabio era especialmente importante en la sociedad musulmana puesto que se utilizaba para dar la hora y la dirección de las oraciones (realizadas cinco veces al día mirando hacia la Meca). Este magnífico ejemplar fue realizado para el gobernador safávida, Shah Sultan Husain. | 8 | Cuenco de cerámica procedente de Esmirna, Turquía, 1530-40 d.C. Fabricado en las famosas alfarerías de Esmirna, este gran cuenco con pie está elaboradamente decorado con flores y hojas pintadas en color morado, verde, azul y negro, previo al vidriado. | 9 | Puñal con empuñadura de oro engastado con rubíes y esmeraldas. India, Mongol, aprox. 1625. Los emperadores mongoles fueron famosos coleccionistas de gemas y artículos de joyería, como este puñal engastado con rubíes representando zorros, leones y ciervos. El oro está trabajado en un estilo asociado con los talleres de la corte de Jahangir en los años 1620. |

África

El continente africano ha proporcionado a los arqueólogos uno de los indicios más tempranos de la actividad del hombre. El trabajo en piedra comenzó hace poco más de dos millones de años, y pueden observarse largos períodos de su evolución en la garganta de Olduvai en Tanzania, donde las grandes hachas de mano fueron de los primeros utensilios de piedra que se produjeron. Aunque sin duda estos fueron bastante versátiles, se produjo un importante descubrimiento hace 120.000 años gracias a un avance tecnológico que permitió la fabricación de utensilios de sílex más pequeños y precisos. Estos abarcaban desde puntas de lanzas bastantes grandes hasta diminutos «microlitos», que podían ajustarse a mangos de madera, de hueso o cornamenta para fabricar herramientas útiles para la caza y para la recolección de alimentos. Piezas de ocre rojo grabado, halladas recientemente en Sudáfrica, indican una aparición muy temprana del comportamiento humano moderno, ya que datan de hace unos 70.000 años.

Las condiciones del fértil valle del Nilo dieron como resultado la domesticación gradual de animales y el desarrollo de la agricultura durante miles de años. Hacia el año 3100 a.C., se consolidaron el valle inferior y el delta del Nilo para formar el territorio de Egipto, que ejerció una influencia dominante en la región durante varios milenios. La expresión artística alcanzó grandes niveles de sofisticación con la construcción de tumbas y templos muy elaborados y la producción de delicadas esculturas, pintura mural, cerámica y joyería.

Las relaciones entre Egipto y sus vecinos del sur eran inestables. Nubia, y en particular el reino de Kush, cuya capital era Kerma, desempeñaron un papel muy importante en el suministro a Egipto de oro y artículos de lujo africanos como el marfil, el ébano, el incienso y las pieles de animales exóticos. Sin embargo, aunque Egipto dominó de manera intermitente la región, los cusitas eran una sociedad fuerte y organizada y en el siglo VIII a. C. se produjo un cambio inesperado cuando una poderosa dinastía Cusita procedente de Napata logró conquistar Egipto y estableció la XXV dinastía.

Aunque su dominio en Egipto duró menos de un siglo, Kush, con su capital en Meroë, continuó siendo una importante potencia durante otros mil años. Al igual que sus predecesores, el reino cusita prosperó gracias al comercio y a las guerras, y ocasionó graves problemas a los romanos que colonizaron gran parte del norte de África entre los siglos II y I a.C. El arte de Meroë estuvo muy influido por el de Egipto y Roma, y la realeza cusita fue

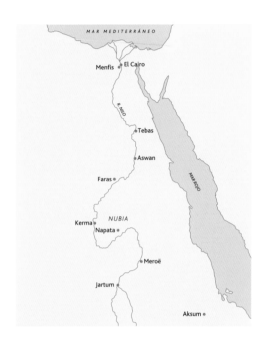

2

1

PERÍODOS ARQUEOLÓGICOS DEL VALLE DEL NILO				«Grupo A» - Horizonte A 3500-2800 a.C.		
5000 a.C.	4500 a.C.	4000 a.C.	3500 a.C.	3000 a.C.	2500 a.C.	2000

3

4

enterrada en tumbas bajo las pirámides. En el siglo III d.C., sin embargo, Kush quedó eclipsada por el estado cristiano de Aksum en el norte de Etiopía, que se convirtió en la principal ruta para el comercio entre el África central y el Mediterráneo.

Durante la segunda mitad del primer milenio d.C. se debilitaron los contactos entre África del norte y el África subsahariana; a medida que el desierto se expandía, los contactos se fueron restringiendo cada vez más a las regiones costeras y a las caravanas transaharianas. El norte de África abrazó primero la cristiandad y luego el islam, lo que resultó en el establecimiento de grandes ciudades como El Cairo en Egipto, Fez en Marruecos y Kairouan en Túnez. Para el siglo X, el islam se había extendido hasta el oeste de África, convirtiéndose en la principal religión de los grandes imperios de Tekrur, Ghana, Songay y Malí, donde Tombuctú se convirtió en un destacado centro de erudición islámica. A principios del segundo milenio d.C. las prósperas comunidades musulmanas ya se habían establecido a lo largo de la costa este de África. En todas estas regiones la censura islámica contra el arte figurativo dio como resultado la proliferación de la decoración arquitectónica, la marroquinería y los textiles.

En los reinos no musulmanes de África occidental, determinados objetos y materiales valiosos, especialmente los metales, eran la prerrogativa de reyes y

1 Cuencos de cerámica, procedentes de Faras «Grupo C». En el valle del Nilo se producía cerámica desde el Neolítico. Estas cerámicas bruñidas y con decoración incisa son un ejemplo del estilo local de la Baja Nubia.

2 Vaso campaniforme. Procedente de Kush, aprox. 1750-1550 a.C. Este vaso modelado a mano se encontró en una tumba junto a otros artefactos destinados a asistir al difunto en la vida del más allá.

3 Esfinge de Tarharka procedente de un templo en Kawa, Nubia. Dinastía XXV, aprox. 680 a.C. La melena del león está inspirada en las esfinges egipcias más tempranas, pero los dos ureos, el tocado y la cara son de estilo puramente nubio.

4 Pintura mural. Procedente de Tebas, Egipto, Imperio Nuevo, aprox. 1400 a.C. Este mural que pertenece a la capilla de una tumba muestra a los nubios presentando productos africanos (incluido oro, incienso y pieles de animales) al faraón egipcio.

C» - Horizonte C	Imperio Nuevo - ocupación egipcia 1550-1069 a.C.	Período Napata 1000-300 a.C.	Período Meroítico 300 a.C.-350 d.C.	Período Cristiano 550-1500 d.C.	
00-1500 a.C.					
na 0-1500 a.C.		Dinastía XXV, dominio Nubio sobre Egipto, aprox. 747-656 a.C.		Cultura Ballana (Grupo X), Noba 350-550 d.C.	Período Islámico 1500 d.C.-
1500 a.C.	1000 a.C.	500 a.C.	0 500 d.C.	1000 d.C. 1500 d.C.	

jefes. En efecto, la institución de la monarquía, que data del principio del segundo milenio d.C., estaba estrechamente relacionada con la producción y el control de los metales. En Ghana, por ejemplo, los reyes y jefes de los asante llegaron a controlar el comercio local del oro como medio para obtener armas de fuego de los comerciantes europeos. Todavía utilizan con frecuencia el oro local en sus elaboradas insignias reales, mientras que las estatuillas humanas y de animales en latón se utilizan como pesas para medir el polvo de oro. En Nigeria, los artesanos que trabajaban para las cortes de Benín e Ife produjeron esculturas de bronce fundido y tallas de marfil con gran riqueza de detalles. En algunos casos, se llegó a considerar que los poderes sobrenaturales de un gobernante eran potencialmente peligrosos para sus súbditos; por ello es muy frecuente que la imaginería real y divina estén estrechamente relacionadas.

Estas ideas religiosas desempeñaron un papel importante en la cultura material africana en general y, en particular, en el arte de los pueblos que habitaban las regiones selváticas que se extendían a lo largo de la costa sur de África occidental hasta la cuenca del Congo. La proximidad y la compleja historia de estas comunidades dio como resultado una amplia variedad de estilos locales, utilizados frecuentemente como indicadores de su identidad y afiliación étnica. Los prolíficos tallistas reproducían principalmente imágenes y máscaras religiosas, que desempeñan un importante papel ritual en muchas partes de África y son consideradas como objetos de gran poder. Otras artes, como la metalurgia y la alfarería, tuvieron más importancia en las regiones en las que no había una tradición de talla de madera.

En los bosques y sabanas del centro de África, los artesanos que trabajaban la madera solían reproducir artículos más decorativos como copas, muebles y cajas, aunque los kuba de la República Democrática del Congo también son famosos por sus máscaras y delicadas

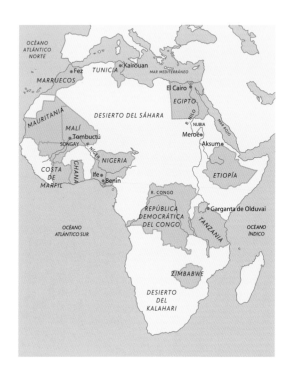

6

7

5 Talla en piedra arenisca, procedente de Faras, siglo VII d.C. Es parte de un friso de la primera catedral cristiana de Faras y muestra la cruz cristiana sobre la cabeza de un pájaro.

6 Cabeza de bronce fundido. Benín, Nigeria, aprox. siglo XV d.C. En Benín el cobre y otras aleaciones eran materiales reservados para los reyes. Tras su muerte se fundían cabezas como ésta, encargadas por los herederos al trono, exclusivamente para los altares de la ciudad de Benín.

7 Máscara de madera. Guro, Costa de Marfil, siglos XIX/ XX d.C. Muchas de las mascaradas africanas se utilizan para atraer los poderes del mundo de los espíritus y conseguir el bienestar de la población. Esta máscara parece combinar atributos animales y humanos y está asociada con los espíritus del bosque.

8

10

9

figuras esculpidas representando a sus reyes.

En el este y en el sur de África, parece haber una cierta especialización en la decoración corporal, aunque los guerreros masai, zulú y shona también se enorgullecen de sus escudos y armas. Algunas regiones de Sudáfrica y del Sáhara son famosas por sus yacimientos con arte rupestre, una tradición que se ha mantenido desde la antigüedad hasta nuestros días.

Los primeros contactos directos documentados entre comerciantes europeos y el África subsahariana datan del siglo XV. En siglos posteriores, la colonización europea y la deportación forzosa de miles de africanos como esclavos tuvo un profundo impacto en el consiguiente desarrollo de las culturas norteamericana, caribeña y británica. A principios del siglo XX, el arte africano proporcionó inspiración a pintores y escultores europeos y asimismo, los artistas contemporáneos africanos están adoptando y adaptando las formas del arte europeo en la búsqueda de nuevas expresiones para sus tradiciones.

Las obras de varios artistas contemporáneos, creadas tanto en el continente africano como fuera de él, reflejan el dinamismo y la continua trascendencia de las antiguas tradiciones africanas. También permiten ver un cambio en las percepciones de África y del arte africano en el siglo XXI. Estas obras y la múltiple identidad de sus creadores no sugieren un tipo de destilación de «africanidad», sino que enfatizan la extraordinaria diversidad cultural, étnica, geográfica, artística e histórica de África, así como el inmenso impacto del continente en el resto del mundo.

11

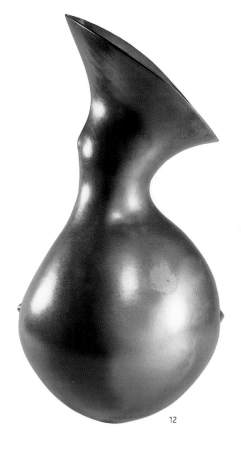

12

8 Cuchillos lanzadores de cobre y bronce. Nzakara, República Central Africana, siglo XIX d.C. Los cuchillos eran accesorios masculinos muy personales, aunque no parece que hayan desempeñado un papel importante en las artes de la guerra tradicional. Estaban a menudo bella-mente forjados y a veces personificados.

9 Bandera con bordado de aplicación, probablemente hecha por Acheampong. Fante, Ghana, siglo XIX d.C. Históricamente, este tipo de banderas representaba a un determinado *asafo* (guerreros), grupos de milicias que, durante siglos, controlaron la balanza del poder entre los europeos que estaban en la costa y los reinos africanos del interior.

10 Figura de esteatita. Procedente de Zimbabwe, aprox. siglo XIII d.C. El reino de los shona de Gran Zimbabwe accedió al poder en la década de 1200. Entre las muchas tallas en piedra atribuidas a la cultura Zimbabwe están estas figuras antropomorfas, interpretadas algunas veces como ofrendas votivas y otras, como símbolos de un sistema de la fertilidad o como insignias reales.

11 Textil de lana y algodón. Peul, Níger, siglo XX d.C. Aunque está tejido con una técnica típica del oeste de África, que consiste en la utilización de estrechas tiras de tela, los diseños son típicos del Norte de África (bereber). Esto refleja los antiguos patrones de comercio que seguían las rutas de las caravanas transaharianas.

12 Vasija de cerámica hecha por Magdalene Odundo, Farnham, Reino Unido, 2000. Nacida en Kenia pero con base en el Reino Unido, Odundo comparte con otros artistas, tanto a través del tiempo como dentro y fuera de África, un interés en la experimentación con las formas.

Egipto

En el sexto milenio a.C., los pueblos del valle del Nilo empezaron a diferenciarse culturalmente del resto de África. Siendo ya expertos en la caza y en el trabajo de la piedra, empezaron a volcar su atención hacia el cultivo del fértil aluvión del Nilo. El establecimiento de comunidades sedentarias llevó al desarrollo de industrias sencillas como la alfarería y la fundición del cobre. Hacia el año 3600 a.C., estos egipcios predinásticos cazaban con sofisticadas armas de sílex, producían cerámica pintada y construían altares de caña y barro para las deidades locales que posteriormente formarían el complejo panteón egipcio. También apareció la primera escritura egipcia, que se desarrolló rápidamente para convertirse en una escritura jeroglífica, mayormente fonética. Se comenzaron a registrar los nombres de los reyes, incluidos los de Narmer y Aha. La tradición egipcia da constancia de que un gobernante del sur obtuvo el control de todo el país alrededor del año 3100 a.C. y estableció la primera capital nacional en Menfis, cerca de la confluencia del valle y del delta del Nilo.

Esta unificación simbólica de las «Dos Tierras», el Alto Egipto (el valle) y el Bajo Egipto (el delta), fue primordial para las ideas egipcias sobre la monarquía. Llamado «Faraón» que significa «Gran Casa», el rey era considerado a la vez humano y divino. En vida, se le consideraba como el hijo del dios sol Ra y la encarnación humana de Horus el dios halcón; al morir, era Osiris, el Señor del Infierno. Los templos dedicados a los dioses se explotaban como vehículos de propaganda real y contenían gigantescas estatuas y relieves del rey en actitudes tradicionales, como unificador y defensor de Egipto.

Se confeccionaban amplios listados de reyes esculpidos en las paredes de los templos por conveniencia política; a los reyes desacreditados y a todas las mujeres gobernantes, se les borraba del registro oficial. No se conoce ningún intento por escribir la historia, en el sentido moderno de la palabra, hasta alrededor del año 250 a.C., cuando un sacerdote llamado Manetón recopiló una lista de treinta dinastías, o familias gobernantes. Los historiadores posteriores las agruparon en «Imperios», períodos de relativa tranquilidad, separados por los «Períodos Intermedios» caracterizados por las guerras o la fragmentación política.

A pesar de la impresión de continuidad

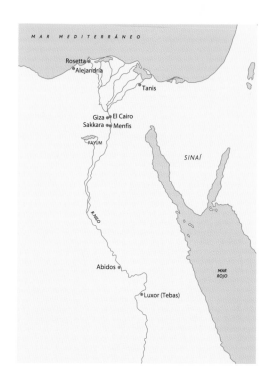

1

2

Predinástico 5500-3100 a.C		Imperio Antiguo aprox. 2686-2181 a.C.		Imperio Medio aprox. 2055-1650 a.C.
	Dinástico Temprano aprox. 3100 -2686 a.C.		1er Intermedio aprox. 2181-2055 a.C.	2° Interm aprox. 1 1550 a
3000 a.C.		2500 a.C.		2000 a.C.

que ofrece el uso de la imaginería
tradicional en el arte oficial, las
alineaciones culturales y políticas
cambiaron a menudo, como indican
los frecuentes traslados del centro
administrativo a medida que las dinastías
de distintas procedencias llegaban al poder.
Con frecuencia, estos reflejan la antigua
rivalidad entre el norte y el sur: Tebas, en el
Alto Egipto, disfrutó de la hegemonía
durante extensos períodos durante el
Imperio Medio y el Nuevo, sin embargo, fue
finalmente reemplazada por una serie de
ciudades del delta, como Tanis.

Durante el tercer Período Intermedio,
Egipto cayó bajo el gobierno de los nubios,
y más tarde en el Período Tardío sufrió

| 1 | Fragmento de la Paleta del Campo de Batalla. Período predinástico, aprox. 3100 a.C. Las paletas para cosméticos se usaban para preparar la pintura de ojos que protegía de las infecciones. Las paletas decoradas, como ésta, tenían una función ceremonial en los templos egipcios más tempranos. | 2 | El Cuchillo de Pitt-Rivers. Período predinástico, aprox. 3600-3250 a.C. La hoja de sílex finamente trabajada se ajusta a un mango de marfil tallado con figuras de animales. | 3 | Parte de una lista real procedente del templo de Ramsés II en Abidos. Imperio Nuevo, aprox. 1250 a.C. Los jeroglíficos dentro de los óvalos, o cartuchos, representan el nombre de Ramsés II y los de faraones anteriores a él. | 4 | Parte superior de una estatua colosal del faraón de la XIX dinastía Ramsés II, procedente de su templo conmemorativo en Tebas. Imperio Nuevo, aprox. 1270 a.C. |

rio Nuevo aprox. 1550-1069 a.C.		Período Tardío aprox. 664-332 a.C.		Período Romano 30 a.C. - 395 d.C.
	3º Intermedio aprox. 1069 -664 a.C.		Período Ptolomeico aprox. 305-30 a.C.	
1000 a.C.		500 a.C.		0

Las Dinastías de Egipto

PERÍODO DINÁSTICO TEMPRANO
Dinastía I   aprox. 3100-2890 a.C.
Dinastía II   aprox. 2890-2686 a.C.

IMPERIO ANTIGUO
Dinastía III aprox. 2686-2613 a.C.
Dinastía IV   aprox. 2613-2494 a.C.
Dinastía V   aprox. 2494-2345 a.C.
Dinastía VI   aprox. 2345-2181 a.C.

PRIMER PERÍODO INTERMEDIO
Dinastía VII/VIII aprox. 2181-2125 a.C.
Dinastía IX/X aprox. 2160-2130 a.C.;
aprox. 2125-2025 a.C.
Dinastía XI (sólo Tebas) aprox.
2125-2055 a.C.

IMPERIO MEDIO
Dinastía XI (todo Egipto) aprox.
2055-1985 a.C.
Dinastía XII aprox. 1985-1795 a.C.
Dinastía XIII aprox. 1795-1650 a.C.
Dinastía XIV aprox. 1750-1650 a.C.

SEGUNDO PERÍODO INTERMEDIO
Dinastía XV (Hicsos) aprox. 1650-1550 a.C.
Dinastía XVI aprox. 1650-1550 a.C.
Dinastía XVII aprox. 1650-1550 a.C.

IMPERIO NUEVO
Dinastía XVIII aprox. 1550-1295 a.C.
Dinastía XIX aprox. 1295-1186 a.C.
Dinastía XX aprox. 1186-1069 a.C.

TERCER PERÍODO INTERMEDIO
Dinastía XXI aprox. 1069-945 a.C.
Dinastía XXII aprox. 945-715 a.C.
Dinastía XXIII aprox. 818-715 a.C.
Dinastía XXIV aprox. 727-715 a.C.
Dinastía XXV (Nubia o Cusita) aprox.
747-656 a.C.

PERÍODO TARDÍO
Dinastía XXVI (Saíta) aprox. 664-525 a.C.
Dinastía XXVII (Reyes persas) 525-404 a.C.
Dinastía XXVIII 404-399 a.C.
Dinastía XXIX 399-380 a.C.
Dinastía XXX 380-343 a.C.
Reyes Persas 343-332 a.C.

PERÍODO GRECORROMANO
Reyes macedonios 332-305 a.C.
Ptolomeos 305-30 a.C.
Emperadores romanos 30 a.C. - 395 d.C.

5

Momificación

Las necrópolis egipcias estaban por lo general situadas en el desierto, al oeste de los pueblos y ciudades. Los primeros entierros se realizaron directamente en las fosas cavadas en la tierra, donde la arena caliente y seca facilitaba la conservación de los cuerpos. La creencia en la vida después de la muerte era corriente en tiempos predinásticos, por lo se depositaban objetos sencillos en los sepulcros. Los egipcios comenzaron a construir verdaderas tumbas para los ricos, primero de barro y, más tarde, de piedra. A fin de preservar el cuerpo como morada del *ka* (la fuerza de la vida del difunto) se desarrolló la práctica de la momificación. Después de retirar los órganos internos, que eran preservados por separado en cuatro recipientes llamados jarras canópicas, el cuerpo se secaba utilizando natrón, una sal natural. Por último, era envuelto con vendas de lino y colocado en un ataúd. Los faraones, considerados como la encarnación de los dioses, recibían una momificación especialmente elaborada. Se les vendaba cuidadosamente con lino fino y se cubrían sus cuerpos con amuletos y joyas protectoras. Se colocaba una máscara de oro sobre el cuello y la cabeza antes de encerrar a la momia real en una serie de ataúdes y colocarla en un enorme sarcófago de piedra en la cámara funeraria.

7

repetidos ataques de los poderes emergentes extranjeros, como los asirios y los persas. La segunda conquista persa en 343 a.C. acabó definitivamente con el gobierno egipcio nativo, y en el año 332 a.C. Alejandro Magno reclamó Egipto como parte de su imperio. Tras la muerte de Alejandro, Ptolomeo, un general de su ejército, estableció su propia dinastía. Con la nueva capital en Alejandría, en la costa norte, Egipto se vio cada vez más implicada en el mundo cultural y político del Mediterráneo griego; este proceso se intensificó después del año 30 a.C., cuando la última gobernante de la dinastía Ptolomeica, Cleopatra VII, fue derrotada por Octavio y Egipto pasó a

formar parte del Imperio Romano.

Aunque los gobernantes persas, griegos y romanos se hacían representar en actitudes faraónicas tradicionales y encontraron oportuno apoyar y construir templos, no les interesaba tanto la religión y cultura egipcias como su legendaria riqueza. En la cumbre de su poder durante el Imperio Nuevo, Egipto se había expandido hacia el sur, hasta la cuarta catarata del Nilo en Nubia y por el norte había llegado a la actual frontera entre Siria y Turquía. Además de controlar el comercio de artículos exóticos procedentes de África (ébano, marfil y oro), Egipto producía solicitados artículos para la exportación como lino, papiros y

5 Cabeza de una estatua gigantesca en granito rojo de Amenofis III. Procedente de Karnak, dinastía XVIII, aprox. 1390 a.C. La cabeza coronada tiene casi 3 metros de altura.

6 Ataúd interno dorado de Henutmehyt, una sacerdotisa del dios Amón durante el reinado de Ramsés II. Dinastía XIX, aprox. 1250 a.C.

7 Momia de la sacerdotisa tebana de la dinastía XXII, Tjentmutengebtiu, aprox. 900 a.C. El ataúd está decorado con imágenes protectoras y figuras de deidades.

6

8

9

grano; grano que Roma en particular necesitaba para alimentar a su imperio en expansión.

Gran parte de lo que conocemos sobre los antiguos egipcios procede de sus tumbas y de los artefactos colocados en éstas para que sus propietarios los disfrutasen en la vida del más allá. A partir del período de las primeras dinastías, se construyeron mastabas modeladas en los hogares de los vivos para la élite, en sitios como Abidos en el sur y Sakkara en el norte. Durante el Imperio Antiguo y Medio, los faraones eran enterrados en enormes pirámides como las del complejo de Giza, sin embargo, a partir del Imperio Nuevo, prefirieron la mayor seguridad de las tumbas cavadas en la tierra o en las laderas, como en el Valle de los Reyes de Tebas o el precinto del templo de Tanis.

Las pinturas murales y los relieves en el interior de las tumbas reales ilustran las complejas creencias funerarias de los antiguos egipcios; sin embargo, sólo cuando se descifraron los textos que los acompañaban, en el siglo XIX, se pudo entender su significado. Las pinturas de las

10

11

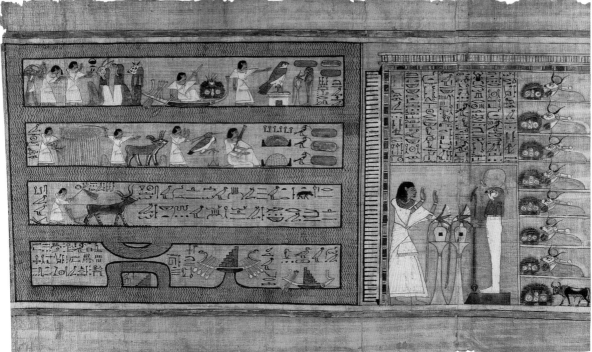

12

13

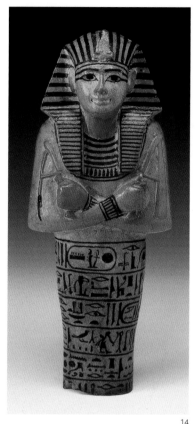

14

tumbas reales representaban a menudo una geografía desconocida y criaturas aterradoras del infierno, por el que viajaba el dios del sol durante la noche. Después de la muerte, el espíritu seguía al sol a través del infierno y entraba en la corte del dios Osiris. Aquí se ponderaba el corazón del fallecido a fin de averiguar su rectitud; si pasaba la prueba, el espíritu lograba una vida posterior tranquila en las tierras del dios.

A través de muchos periodos, las tumbas de los ricos comunes se esculpían y pintaban con gráficas imágenes de la vida cotidiana. Su significado no era sólo decorativo; al igual que todo el arte funerario egipcio su propósito era en parte proporcionar al fallecido las necesidades diarias para la vida posterior.

Por ejemplo, con las representaciones de funcionarios supervisando actividades agrícolas o disfrutando de fiestas familiares se pretendía que pudieran disfrutar de su posición social y de los placeres terrenales en el otro mundo. Otro tipo de escenas que se incluían a menudo, muestran el funeral del dueño y las ofrendas traídas por sus familiares, subordinados y sacerdotes para sostener su *ka* (o fuerza de vida) después de la muerte. Asimismo, las tumbas se dotaban con todos los artículos necesarios para la vida cotidiana: comida, ropa, cosméticos, joyas, materiales de escritura y mobiliario, que a menudo se conservaron intactos debido al clima seco de Egipto y que ofrecen una valiosa información sobre la vida de los antiguos egipcios.

Concretamente algunos de los objetos funerarios incluidos eran maquetas de naves, y figurillas de animales y sirvientes, así como amuletos para proteger el cuerpo. Los rollos de papiro con extractos de los «Libros de los Muertos», proporcionaban hechizos para ayudar al difunto en la otra vida.

A pesar de que muy pocos materiales han sobrevivido fuera de las tumbas y de los templos, algunos yacimientos arqueológicos han proporcionado objetos de la vida cotidiana y gran cantidad de textos que comprenden desde listas de lavandería hasta cartas y composiciones literarias.

Dioses Egipcios y su Culto

La religión egipcia era un sistema de antiguos cultos basados en los ciclos naturales de los que dependía la economía agrícola de Egipto. Las deidades que personificaban estas fuerzas naturales eran a menudo adoradas en «triadas» locales que comprendían un dios, su esposa y su hijo, por ejemplo Ptah, Sekhmet y Nefertum en Menfis; Osiris, Isis y Horus en Abidos; y Amón, Mut y Khons en Tebas. Algunos dioses, como Ptah y Osiris, siempre se mostraban como humanos, pero muchos otros tomaban forma de animales o de humanos con cabeza de animal, como por ejemplo el halcón Horus y la leona Sekhmet. Con el tiempo, estos animales fueron considerados como una manifestación de los dioses y eran a menudo momificados durante los períodos romano tardío y grecorromano. El faraón, como intermediario entre los dioses y el hombre, era responsable del mantenimiento del orden terreno y divino, y se construyeron enormes templos dedicados a los dioses para conseguir su apoyo.

15

16

17

13 Figura del dios doméstico Bes tocando la pandereta. Procedente de Akhmim, Imperio Nuevo, aprox. 1550-1069 a.C. Se creía que Bes, un dios de aspecto temible, mantenía a los malos espíritus alejados de las mujeres embarazadas y del hogar.

14 Figurilla *shabti* de fayenza del faraón Seti I procedente de su tumba en el Valle de los Reyes de Tebas. Imperio Nuevo, aprox. 1280 a.C. El «hechizo *shabti*» inscrito sostiene que, si se le ordenara a su dueño hacer cualquier trabajo en el más allá, el *shabti* lo haría en su lugar.

15 Culto a los animales en el período tardío. El gato de bronce de Gayer Anderson, posterior al año 600 a.C., representa a la diosa Bastet; el pectoral plateado porta el ojo sagrado de Horus. Esta momia de un gato, cubierta con una intricada envoltura, procede de Abidos. Período romano, posterior al año 30 a.C.

16 Amuleto vidriado de amalgama que comprende los jeroglíficos de «la vida, la estabilidad y el poder». Período tardío, aprox. 700-500 a.C.

17 Hipopótamo vidriado de amalgama decorado con plantas acuáticas. Imperio Medio, aprox. 1900 a.C.

China

El arroz, un alimento de primera necesidad, ya se cultivaba en las fértiles llanuras de la costa sudeste de China. Las sociedades sedentarias crecieron, desarrollando rasgos distintivos plasmados en la talla del jade y en la producción de cerámicas rituales y decorativas.

La tradición situaba la primera dinastía gobernante, la dinastía Xia, en el período alrededor del año 2000 a.C., pero la primera dinastía de la que existe evidencia arqueológica es la dinastía Shang, que llegó al poder alrededor del año 1500 a.C. Las grandes y bien definidas capitales Shang en el valle del río Amarillo contenían palacios y templos y estaban rodeadas de ricas necrópolis. El uso del bronce para las armas y para objetos de adorno y rituales fue esencial para los Shang y sus sucesores. Durante los períodos Shang y Zhou del Oeste, se enterraron un gran número de recipientes y armas de bronce en las tumbas y en alijos, y se dedicaban valiosos artefactos de bronce a los ancestros con la esperanza de obtener su ayuda o en gratitud por los servicios prestados.

El periodo Shang también fue testigo del uso de la escritura más temprana en forma de inscripciones en huesos y conchas utilizados para los oráculos. Este sistema de escritura acabaría siendo uno de los instrumentos más importantes en la creación de una tradición cultural china unificada; incluso hoy en día, muchos de

1

2

3

Neolítico, hasta 1500 a.C Shang aprox. 1500-1050 a.C.		Zhou del Oeste 1050-771 a.C.					
					Zhou del Este 770-221 a.C. Período de la Primavera y el Otoño 770-475 a.C.		
1200 a.C.	1100 a.C.	1000 a.C.	900 a.C.	800 a.C.	700 a.C.	600 a.C.	500

los antiguos caracteres permanecen en uso.

Bajo la dinastía Zhou del Este (770-221 a.C.) se utilizaban la tinta y el bambú para registrar rituales, procedimientos políticos, historia y filosofía; dando así comienzo a la tradición literaria china.

En el año 221 a.C. tras un período de violenta discordia civil y rivalidad interestatal, Qin Shi Huangdi consiguió unificar toda China, dando comienzo al período imperial. Aunque la dinastía que fundó tuvo una vida muy corta, el gobierno Qin dejó un legado duradero manifiesto en la reforma del sistema de escritura, una red de calzadas, un sistema monetario unificado y un sistema estandarizado de pesos y medidas. El gobierno Qin hizo también uno de los primeros intentos de construir una «Gran Muralla» en el norte; con la intención de impedir el paso de las tribus nómadas de las estepas, esta gran defensa fronteriza fue edificada uniendo secciones cortas de muralla construida por regímenes anteriores.

La dinastía Qin fue derrocada por la dinastía Han (206 a.C.-220 d.C.) bajo cuyo reinado continuó el desarrollo de la burocracia tan característica de la China imperial. Los hombres pasaban a engrosar las filas de la burocracia principalmente por recomendación personal, sin embargo la habilidad militar y la capacidad literaria eran cualidades que ayudaban al avance de la persona. En los primeros tiempos del imperio, dos filosofías ampliamente div-ergentes, el confucionismo y el taoísmo, proporcionaron al gobierno la

4

1 Objetos en jade y otras piedras duras. Período Neolítico, aprox. 3500 a.C. Se cree que este tipo de jades se producía con fines ceremoniales y que tenía una función protectora, ya que mantenían alejados a los espíritus malignos tanto en vida como después de la muerte.

2 Vasija ritual de bronce, con decoración incisa. Primera mitad del período Zhou del Oeste (1050-771 a.C.). Fue fundida para el Duque de Xing, un descendiente de un famoso personaje histórico, el Duque de Zhou. Grandes vasijas de bronce solían utilizarse para rituales y ceremonias y han sido excavadas en grandes cantidades en diversas necrópolis.

3 Peine de plata con repujado de pájaros y flores, realzado con baño de oro. Dinastía Tang/Liao, aprox. 618-1125 d.C. Los ornamentos para el cabello y las hebillas eran dos de las principales formas de adorno personal en China.

4 Figura de un guardián de madera, coronada por una cornamenta de laca seca. Período Zhou del Este, siglo IV-III a.C. Las figuras de madera con cara de monstruo, larga lengua y cornamenta eran colocadas como guardianes en las tumbas Chu en las provincias de Henan y de Hubei. Éste es uno de los pocos artefactos de este tipo que se han encontrado.

	Qin 221-207 a.C.					Dinastías del Norte y del Sur 265-581 d.C.
Estados en Guerra 475-221 a.C.			Han del Oeste 206 a.C.-9 d.C.	Xin 9-25 d.C.	Han del Este 25-220 d.C.	Los Tres Reinos 221-280 d.C.
400 a.C.	300 a.C.	200 a.C	100 a.C	0	100 d.C.	200 d.C.

5

orientación necesaria. Confucio (551-479 a.C.) fue un filósofo y maestro de conducta política cuyas doctrinas hacían hincapié en el orden moral, la estricta observancia del ritual y la tradición y el cultivo de las artes civilizadas. El taoísmo, por otro lado, defendía el «Camino del Cielo», que era el camino de la armonía con la naturaleza y el cosmos. Conocido sobre todo por los trabajos de Lao Zi (aprox. 604-531 a.C.) la meta final del taoísmo es la inmortalidad, obtenida mediante el control de la mente y la armonía con el infinito.

Tras la caída de la dinastía Han, el norte sufrió un período de fragmentación y de gobierno extranjero. Esta descentralización política coincidió con la expansión del budismo, traído a China por los monjes hindúes a través de la ruta de la seda. Esta gran ruta conectaba el sur de Asia y China con el mundo mediterráneo pasando por los oasis de Asia central.

En Kashgar y Dunhuang se desarrollaron importantes centros de arte y comercio, donde las influencias artísticas de Gandhara y Cachemira pueden verse en los monasterios cortados en la roca y en las stupas, así como en las pinturas murales y en las esculturas religiosas. El arte de Asia central ejerció a su vez una profunda influencia sobre el

Dinastías del Norte y del Sur 265-581 d.C.			Tang 618-906 d.C.			Liao 907-1125 d.C.		
		—— Sui 589-618 d.C.			Cinco Dinastías 907-960 d.C.	Song del Norte 960-1126 d.C.	Jin 1115-1234 d Song del Sur 1127-1279 d
500 d.C.	600 d.C.	700 d.C.	800 d.C.	900 d.C.	1000 d.C.	1100 d.C.	1200

arte budista del norte de China entre los siglos IV y VI d.C.

En el año 589 d.C. China fue reunificada bajo la dinastía Sui, cuyos gobernantes fomentaron el budismo como religión estatal. A su vez les sucedieron los Tang (618-906 d.C.), cuya corte fue famosa como centro para las artes. La importancia del comercio a lo largo de la ruta de la seda queda reflejada en las figuras de caballos y camellos de barro vidriado, además de en las vasijas de plata, que se han encontrado.

Durante la siguiente dinastía, la Song, (960-1279 d.C.), el control del norte se hizo difícil debido a las constantes incursiones extranjeras; en el año 1127, finalmente, una invasión jurchen procedente del noreste obligó a los gobernantes Song a retirarse hacia el sur.

De ahí en adelante, la capital del norte de China se situó en Pekín y fue aquí donde los mongoles establecieron

6

7

8

5 Figura funeraria de un caballo, realizado en cerámica pintada, madera y seda. Turfan, Provincia de Xinjiang, oeste de China, Dinastía Tang, siglo VIII d.C. Esta figura fue hecha para la tumba de un gobernante o mercader de alto rango que vivía en Gaochang. Las esculturas funerarias de este tipo eran réplicas de las maquetas vidriadas fabricadas para las tumbas de las metrópolis.

6 Estatua de bronce fundido; representa a dos luchadores semi desnudos. Posiblemente procedente del sur de China, dinastía Zhou del Este, siglos V-IV a.C. Las esculturas de humanos eran raras en China (aparte de las que se hacían para las tumbas) antes de la llegada del budismo, procedente de la India. Los luchadores acróbatas eran una forma popular de entretenimiento en China.

7 Recipiente de fina cerámica de gres blanca, en forma de sirena con alas. Procedente del norte de China, dinastía Liao, 907-1125 d.C. En el siglo X se hacía porcelana y fina cerámica de gres blanca en varios hornos de cerámica chinos. Puede que este objeto fuera producido como un substituto de las vasijas de plata para un enterramiento, para un ritual budista o como un recipiente para vino.

8 Plato en forma de lingote, hecho de laca roja tallada, que muestra dragones y los Dieciocho Luohan. Dinastía Ming, período y marca Jiajing, 1522-66 d.C. El lacado es una técnica que implica un proceso muy laborioso. Cada uno de los dieciocho Luohan está representado con sus propios atributos, incluidos el Tigre Tamer y Bodhidharma flotando en un junco.

							República Popular de China 1949 d.C.-
Ming 1368-1644 d.C.							
Yuan 1279-1368 d.C.					Qing 1644-1911 d.C.		República 1912-1949 d.C.
1300 d.C.	1400 d.C.	1500 d.C.	1600 d.C.	1700 d.C.	1800 d.C.	1900 d.C.	

9

posteriormente su capital Khanbaliq desde donde gobernaron toda China. A pesar de la amenaza del norte, este período de la dinastía Song del Sur fue una época de intensa actividad intelectual y cultural, dirigida en gran parte hacia la comprensión de la historia china y de la función del estado. El pensamiento de Confucio experimentó un resurgimiento y se publicaron nuevas ediciones del canon del confucionismo, que se benefició de la reciente técnica de impresión desarrollada por aquel entonces.

Existía un enorme mercado para las ediciones impresas de las escrituras budistas, puesto que formaban el programa de un sistema de exámenes estatales que tuvo su origen y desarrollo durante las dinastías Sui y Tang. El interés Song por lo tradicional se reflejó también en las artes decorativas. La influencia de los primeros recipientes de jade y bronce, por ejemplo, puede verse en las rotundas y redondeadas formas de la cerámica de gres Song, mientras que las porcelanas finas a menudo imitan las elegantes formas de las vasijas de oro y plata martilladas.

Con el final del dominio mongol en el siglo XIV, el poder imperial pasó a otra dinastía nativa, la dinastía Ming (1368-1644), quienes establecieron la capital en Nanjing durante un breve período antes de trasladarse de vuelta a Pekín.

10

Basándose en las técnicas desarrolladas por los artesanos Yuan, los artistas de la dinastía Ming produjeron porcelanas pintadas con un esmalte azul previo al vidriado o con esmaltes de colores en el sobrevidriado, exquisitos objetos tallados y lacados, esmaltes cloisonné y esculturas de bronce dorado.

En el año 1644, los invasores manchúes procedentes del norte expulsaron a la dinastía Ming y establecieron la última dinastía imperial, la dinastía Qing, que gobernó hasta el año 1911. Como en tiempos anteriores, el arte Qing reflejó un profundo respeto por el pasado, favoreciendo las formas y técnicas tradicionales, aunque también introdujeron algunas innovaciones, especialmente en las artes decorativas, destacando la paleta de esmaltes de la *famille verte* y de la *famille rose*.

11

12

9   Plato de porcelana pintado con un pez entre plantas acuáticas. Dinastía Yuan, siglo XIV d.C. El comercio con el extranjero floreció durante la dinastía Yuan. Entre las importaciones procedentes de Irán estaba el cobalto. Su uso en el primer cuarto del siglo XIV en las porcelanas blancas de gran calidad de Jingdezhen tuvo un impacto fundamental en la cerámica de todo el mundo.

10   Figura de cerámica de gres de uno de los grupos del juicio. Dinastía Ming, siglo XVI d.C. La creencia en el infierno se introdujo en China con el budismo a principios del primer milenio d.C. Desde finales de la dinastía Tang, tales estatuas de personajes del infierno eran frecuentes.

11   Vasija grande cloisonné. Dinastía Ming, período y marca Xuande (1426-35). La corte imperial utilizaba recipientes de esmalte cloisonné en palacios y templos donde sus brillantes colores mostraban todo su atractivo; la clase culta, sin embargo, los consideraba objetos vulgares.

12   Dinero falso, siglo XX d.C. Es tradicional durante el Año Nuevo chino quemar imitaciones de billetes impresos a nombre del Banco del Infierno como ofrendas a los ancestros en el mundo de los espíritus.

El Sur y Sudeste de Asia

Los asentamientos humanos más antiguos en el sur de Asia datan del octavo milenio a.C., pero no se desarrolló una compleja civilización urbana hasta el tercer milenio, en el valle del Indo y sus alrededores. Harappa, Mohenjo-Daro y Lothal, entre otras, eran ciudades grandes y bien planificadas, lo que sugiere la existencia de una sociedad ordenada y centralizada. Existe un gran número de sellos de esteatita tallados con inscripciones aun no descifradas y que al parecer se utilizaban con fines comerciales.

1

La civilización del Indo comenzó a declinar alrededor del año 1900 a.C. Pueblos nómadas procedentes del centro de Asia empezaron a llegar al subcontinente, entre ellos grupos tribales que hablaban lenguas indoeuropeas. Dotados de caballos y carros, estos pueblos avanzaron rápidamente por todo el norte de la India. Para el año 900 a.C. ya se habían asentado, mezclándose con la población local. Ésta era una época de búsqueda filosófica y religiosa de la que nació la compleja religión hindú.

A partir del año 500 a.C. aproximadamente, comenzó un nuevo proceso de urbanización. Entre los centros más

grandes se encontraban Hastinapura, Kausambi, Varanasi y Pataliputra en la llanura del Ganges. El Buda vivió en esta época. Opuesto directamente a toda forma de violencia, atacó especialmente la eficacia del sacrificio, que era el pilar del orden social ortodoxo. El aumento de población que ocurrió durante esta época fue debido a las mejoras en la administración de las tierras y en la producción de alimentos, especialmente del arroz. La introducción del hierro alrededor del año 800 a.C. contribuyó sustancialmente a este desarrollo. Los reinos que gobernaron el norte de la India en tiempos del Buda se unificaron en un

2

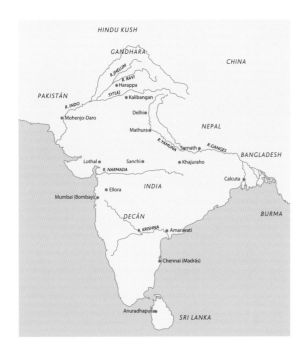

3

| 1 | Sello. Procedente del valle del Indo. Esteatita, aprox. 2000 a.C. Grandes cantidades de este tipo de sellos sobreviven, tallados con esmeradas representaciones de animales e inscripciones de una escritura no descifrada. Al parecer se utilizaban con fines comerciales. | 2 | Relicario en forma de una maqueta de stupa. Stupa Sonola Pind, Manikala, Punjab, Pakistán. Esteatita, probablemente siglo II d.C. Este objeto contenía anteriormente las reliquias de un famoso budista, junto con monedas de esta época. |

Civilización del Indo 2500-1500 a.C.

Vida de Buda 563-483 a.C. ——

Maurya 400-200 a.C.

| 1750 a.C. | 1500 a.C. | 1250 a.C. | 1000 a.C. | 750 a.C. | 500 a.C. | 250 a.C. |

6

4

5

| 3 | Escritura brahmi, la antecesora de todas las escrituras indias modernas. Fragmento del sexto edicto del emperador Asoka, realizado sobre un fragmento de pilar, fechado en el año 238 a.C. Se lee de izquierda a derecha. | 4 | Harihara, una combinación en una sola figura de los dioses hindúes Vishnu y Shiva. Probablemente procedente de Khajuraho. Dinastía Chandella. Piedra arenisca, aprox. 1000 d.C. A un lado Harihara lleva el tridente de Shiva y el rosario, y en el otro la concha y el disco de Vishnu. | 5 | Maqueta de templo, procedente del oeste de la India. Piedra arenisca, siglos XVIII-XIX d.C. Las maquetas de templos, que se hallan en todos los importantes centros religiosos hindúes, eran una forma en que una persona humilde podía contribuir a un lugar de culto y peregrinación. | 6 | Bodhisattva. Gandhara, Pakistán. Esquito gris, siglos II-III d.C. Un bodhisattva es un ser dado a convertirse en buda, pero que permanece en el mundo para guiar a todos los seres hacia la iluminación. |

Imperio Kushan (N) avahana (S) 0-300 d.C.	Gupta 320-500 d.C	Dinastías Medievales Hindúes: Pratihara 600-950 d.C. Pala 750-1150 d.C. Chola 900-1200 d.C. Rashtrakuta 600-1000 d.C.	Incursiones Islámicas (Afganistán y Asia Central)	Sultanato de Delhi 1199-1526 d.C.	Mongoles : Babur Hamayun Akbar Jahangir Awrangzeb	Período Mongol Tardío 1707-1857 d.C.	Bajo el Imperio Británico 1857-1947 d.C.
	Invasión Huna 490-530 d.C.						
250 d.C.	500 d.C.	750 d.C.	1000 d.C.	1250 d.C.	1500 d.C.	1750 d.C.	

7

solo imperio en el siglo IV a.C., bajo Chandragupta, el primer rey de la dinastía Maurya. Los mauryas introdujeron un sistema de escritura convencional y utilizaron la piedra en la escultura y en la arquitectura. Durante el reinado de Asoka se grabaron en pilares una serie de edictos reales, a lo largo y ancho de este vasto imperio. El imperio maurya se desintegró después de la muerte de Asoka, pero el budismo continuó floreciendo en los reinos que emergieron durante los dos últimos siglos a.C. Uno de los centros más importantes del budismo durante esta época fue Amaravati, en Andhra. La stupa de este sitio estaba ricamente adornada y rodeada por una elaborada verja de piedra tallada.

La expansión del imperio chino Han hasta el centro de Asia forzó a las tribus nómadas a emigrar hacia el oeste del siglo I al IV d.C. La más poderosa de estas tribus era la de los kushan, quienes establecieron un vasto imperio desde el centro de Asia y Afganistán hasta Bihar y Bengal.

Con la debilitación y posterior desaparición de los kushan a principios del siglo IV, emergieron varios gobernantes locales, hostiles entre sí. Finalmente el vencedor fue Samudragupta, fundador de la dinastía Gupta. El gobierno gupta se caracterizó por un importante incremento en el mecenazgo cultural: se construyeron magníficos templos adornados con bellas imágenes religiosas.

Los principales centros de este arte fueron Sarnath y Mathura, el primero un centro budista establecido tiempo atrás, mientras que el segundo era una ciudad

8

cosmopolita donde florecieron todas las fés. El orden imperial de los guptas fue destruido a principios del siglo VI por los hunos blancos del centro de Asia.

Las casas reales más importantes de la India medieval fueron las de los Chalukyas, Rashtrakutas, Palas, Pallavas y Cholas. Sus templos estaban generosamente dotados de tierras, ingresos e importantes bienes, incluidos objetos rituales e imágenes de metales preciosos.

El final de la riqueza e importancia de los templos vino anunciado por las incursiones de Mahmud de Ghazni a finales del siglo X d.C. En el siglo XII se estableció en Delhi un sultanato musulmán, de origen turco. La elite gobernante que antes construyera y proveyera los templos fue quedando cada vez más restringida; las tierras de los templos fueron apropiadas y muchos de los edificios fueron convirtiéndose en ruinas. En los círculos de la corte, las prácticas musulmanas procedentes del oeste de Asia se convirtieron en la norma. Lejos de estos centros, el resto de la India permaneció apegado a su pasado tradicional en el que las tradiciones indígenas populares se basaban en antiguas creencias y prácticas, continuando sin muchos cambios hasta nuestros días.

Otra influencia procedente del exterior fue la presencia de comerciantes y colonizadores europeos, que también empezaron a llegar en el siglo XVI. Aunque India ya había sido integrada al imperio Británico, la mayor parte del subcontinente se conservó muy tradicional, e incluso hoy en día existe una floreciente tradición de arte popular basado en antiguas creencias y prácticas.

9

10

11

7 Shiva Nataraja. Procedente del sur de la India. Bronce, 1100 d.C. Shiva es el señor de la danza cósmica en la que crea y destruye el universo, pisoteando a Apasmara, el enano de la ignorancia, bajo sus pies.	**8** Tara. Procedente de Sri Lanka. Bronce dorado, siglo VIII d.C. Tara es la más importante de todas las diosas budistas y cuenta con numerosos seguidores. Aquí está haciendo un gesto de obsequio o caridad con la mano derecha.	**9** Bodhisattva Avalokiteshvara. Procedente del este de la India, siglos IX-X d.C. Esta deidad tiene la figura de un buda sentado en el pelo y un loto en la mano; se le venera como el bodhisattva supremo de la compasión.	**10** Figura de bronce de Padmasambhava. Procedente de Tibet, siglo IX. Padmasambhava era un monje hindú que llevó las enseñanzas esotéricas budistas a Tibet en el siglo VIII d.C.	**11** Estatua de bronce de un buda, procedente de Burma. Período pagano, aprox. 1100 d.C. Ésta es una representación del buda en el momento de la iluminación, con la mano derecha extendida hacia la tierra, que es testigo de este acontecimiento.

Japón

Con frecuencia la cultura japonesa se ha visto influida por la cultura de Asia continental, sin embargo esto no debe confundir la antigüedad de su civilización indígena: de hecho, la cerámica más antigua del mundo que pueda fecharse es la cerámica japonesa de Jomón, que data aproximadamente del año 12.500 a.C. Jomón quiere decir «marcado con cuerda» y se refiere al diseño creado por la impresión de cuerdas en la arcilla mojada. La agricultura organizada llegó a Japón en el siglo III a.C. y el siguiente período, el Yayoi (300 a.C.- 300 d.C.) fue testigo de la rápida adopción de la tecnología procedente del continente, como el uso del torno de alfarero, la producción textil y la fundición del hierro y del bronce. El bronce fue utilizado generalmente para objetos rituales, como espejos, lanzas y cascabeles, mientras que el hierro, un metal más duro, fue utilizado para herramientas y, más tarde, para armas. La sociedad se volvió más estable y jerarquizada, unida por la observancia de la naciente religión Shinto. Durante el período Kofun (siglos III-VI d.C.) el poder de las familias gobernantes locales se extendió, trayendo consigo la unidad

política a la mayor parte de las islas. El material excavado en un túmulo funerario (*kofun*) perteneciente a gobernantes, y que incluye *haniwa*, o guardianes de arcilla, ha incrementado nuestro conocimiento de la vida y la sociedad del período Kofun, y en algunos casos ha esclarecido los documentos escritos del siglo VIII.

El Shinto, «el camino de los dioses», fue una de las principales influencias en el desarrollo de la cultura japonesa y desempeñó un papel fundamental en la adaptación y reinterpretación de las ideas y técnicas procedentes del continente, haciendo hincapié en el amor y el respeto por el mundo natural, los ancestros y la artesanía, y la indisolubilidad de lo físico y lo espiritual. Los rasgos estilísticos japoneses, como la afición por la simetría y el uso inventivo que se hace de ella, también se aplicaron con gran éxito a las formas artísticas importadas, como el lacado.

El budismo llegó a Japón en el siglo VI, aunque continuó su evolución bajo sucesivas oleadas de influencia procedentes del continente. Consecuentemente, la compleja y

1

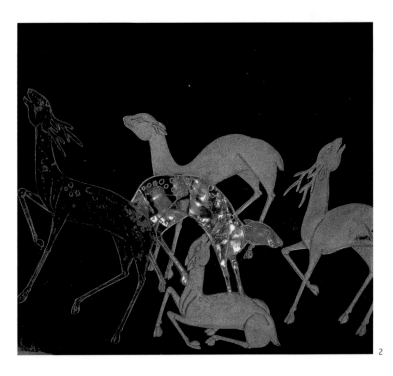

2

Período Jomón aprox. 12.500-300 a.C.

Período Kofun siglos III-VI a.C ——

Período Yayoi aprox. 300 a.C.-300 d.C.

| 1000 a.C. | 800 a.C. | 600 a.C. | 400 a.C. | 200 a.C. | 0 | 200 d.C. |

3

protocolaria vida de la corte del período Heian (794-1185 d.C.) estuvo matizada por las enseñanzas de la escuela Tantrica Shingon, mientras que la clase guerrera samurai que rigió el país desde 1185 hasta 1868 favoreció la disciplinada e introspectiva tradición Zen importada de China y Corea. Haciendo hincapié en la contemplación y en el pensamiento y la acción intuitivos, la filosofía religiosa Zen se tradujo en actividades estéticas como la caligrafía, la pintura a la tinta, el diseño de interiores y jardines, las artes marciales, y la ceremonia del té con sus distintivos estilos de cerámica. El gusto japonés pasó a favorecer formas irregulares y diseños asimétricos, de lo cual son un buen ejemplo los cuencos de té de Raku, hechos por primera vez por el alfarero Chojiro para el gran maestro de la ceremonia del té, Sen no Rikyu, a finales del siglo XVI. Los llamativos diseños en verde, marrón y blanco de las cerámicas Oribe eran también muy populares, como lo fueron los tradicionales vidriados de ceniza de los hornos más antiguos como los de Bizen y Shigaraki.

Con el budismo llegó también el arte de la talla de estatuas en madera. Este arte alcanzó su apogeo durante el período Kamakura (1185-1333 d.C.) con las obras de la escuela Kei. Las obras más tempranas se tallaban con un solo bloque de madera (*ichiboku-zukuri*), pero Unkei, un maestro del siglo XIII, desarrolló el método de *yosegi-zukuri,* que consistía en unir varios segmentos huecos, produciendo

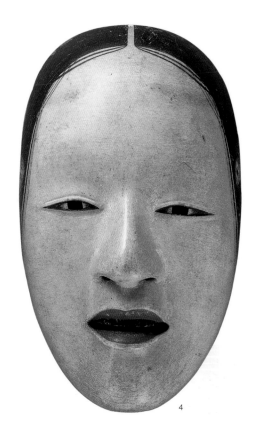

4

1 *Haniwa*. Cerámica roja de baja cocción, siglo VI d.C. La nobleza del período Kofun era enterrada en ostentosas cámaras funerarias de piedra cubiertas por gigantescos túmulos de tierra. Sobre las laderas exteriores del túmulo se colocaban figurillas de cerámica (*haniwa*) que representaban personas, animales pájaros y casas.

2 Caja de escritura lacada, siglo XVII d.C. Para el siglo XII, los lacadores japoneses habían superado a sus predecesores chinos y coreanos. El lacado se utilizaba ampliamente en la elaboración de artículos domésticos, muebles, objetos decorativos y mobiliario para los templos. A partir del siglo XVI comenzaron a producirse artículos lacados para la exportación, que fueron muy populares entre los coleccionistas occidentales.

3 Figura de madera representando a Kichijoten, Diosa de la Fortuna, período Heian, siglo X d.C. Kichijoten se derivó de la diosa hindú Laksmi, esposa de Vishnu. Está asociada con la cosecha, la fertilidad y la fortuna. En Japón se convirtió más tarde en una de las Siete Deidades de la Buena Fortuna. Está vestida como una dama de la dinastía china Tang (618-906). La escultura está tallada con un solo bloque de madera en el estilo *ichiboku-zukuri*.

4 Máscara Noh. Madera pintada, siglos XVII-XVIII d.C. La tradición teatral de las máscaras Noh, con 500 años de antigüedad, sigue viva y las colecciones del Museo Británico comprenden máscaras donadas por tallistas de máscaras en la actualidad. Esta muestra representa el personaje de una mujer joven.

Período Asuka finales del siglo VI - 710 d.C.	Período Nara 710-794 d.C.	Período Heian 794-1185 d.C.		Período Muromachi 1333-1573 d.C.	Período Momoyama 1573-1615 d.C.		Período Moderno 1868 d.C.-
			Período Kamakura 1185-1333 d.C.			Período Edo 1615-1868 d.C.	
600 d.C.	800 d.C.	1000 d.C.	1200 d.C.	1400 d.C.	1600 d.C.	1800 d.C.	

a menudo esculturas más grandes y vigorosas. Los hábiles tallistas desarrollaron también el arte de la talla de máscaras usadas en rituales religiosos y en el teatro Noh basado en ritos.

Las técnicas metalúrgicas alcanzaron la perfección con el trabajo de los orfebres que producían los sables. El método de fabricación que consistía en doblar repetidamente el metal, martillar y finalmente calentarlo y sumergirlo en el agua, produjo armas sólidas que eran a la vez objetos de gran fuerza y belleza espiritual. La hoja de los sables se realzaba con un diseño de complejas formas cristalinas conocidas como *hamon*.

A partir del año 1639, y por más de doscientos años, Japón se vio relativamente aislada de las influencias externas. Esto ayudó a la creación o elaboración de estilos locales, especialmente en la producción de cerámicas y en el arte pictórico. Las técnicas de producción de la porcelana se introdujeron desde el continente a principios del siglo XVII. Esta industria, con centro en Arita, en el sur de Kyusu, utilizó arcilla que se había descubierto en las cercanías. Las cerámicas japonesas locales se desarrollaron por una línea muy distinta a la de la porcelana china, tanto en forma como en estilo. A partir de la

década de 1660, la Compañía Holandesa de las Indias Orientales exportó las porcelanas japonesas a Europa.

Las escuelas de pintura que se desarrollaron durante el período medieval (como la escuela Tosa, los pintores oficiales de la familia imperial y los shogunes; y la escuela Kano, que servía a los templos y a la aristocracia militar) continuó floreciendo durante el período Edo (1615-1868), en el que los artistas Kano dominaron el mundo de la pintura. Emergieron varias escuelas nuevas, entre las que destacan la escuela Rimpa con el resurgimiento de los temas literarios y relacionados con la corte; la escuela Maruyama-Shijo con centro en Kioto; y los pintores letrados o *bunjin*, que imitaban los trabajos de «aficionado» de los pintores letrados chinos.

La escuela Ukiyo-e («pintura del mundo que transcurre») desarrolló un género de pintura que describe la vida cotidiana y las festividades, y que reflejaba la búsqueda del ocio, centrado en los barrios de evasión de las ciudades, de la clase emergente de los mercaderes. Los artistas del ukiyo-e crearon estampas y libros ilustrados cada vez más complejos y sofisticados, que también dejaron constancia del desarrollo del teatro popular Kabuki.

5

6

El período de aislamiento fue seguido, a partir del año 1860, por un periodo de occidentalización rápida y casi aplastante. Sin embargo, el siglo XX fue testigo de un resurgimiento de la confianza en las formas artísticas tradicionales como la cerámica y la caligrafía. En la actualidad existe una floreciente escuela de pintura de estilo japonés (Nihonga) y los grabados japoneses, con frecuencia de gusto muy internacional, han adquirido una gran popularidad. Las exquisitas tradiciones regionales japonesas, entre las que se incluyen las de Okinawa y Ainu en Hokkaido, son mundialmente famosas.

7

8

5 «Tigre», rollo suspendido realizado por Maruyama Okyo, 1775 d.C. El formato de los rollos suspendidos tiene sus orígenes en el período Heian como un medio de mostrar las pinturas budistas, que fue posteriormente adoptado por los pintores a tinta Zen. En la época en que vivió Okyo se había convertido en una forma muy popular de mostrar objetos puramente seculares como este tigre.

6 Cuenco de porcelana, esmaltado y decorado con un diseño de azaleas, 1996. Este impresionante cuenco, de gran tamaño, fue hecho y donado por el *Living National Treasure* Sakaida Kakiemon, el decimocuarto en la línea descendiente de Sakaida Kizaemon (1596-1666), quien originó el estilo de porcelana Kakiemon, centrado en Arita. Creó un distintivo color naranja rojizo, del color de los frutos del caqui (*kaki*), y de ahí el nombre de este estilo. Hubo una gran demanda en Europa de cerámicas del estilo Kakiemon durante los siglos XVII y XVIII.

7 Katsushika Hokusai, «Viento del Sur, Cielo Despejado» («Fuji Rojo»). Estampa grabada en madera, 1830-33 d.C. Parte de la serie *Treinta y seis vistas del Monte Fuji*. Se dice que si se dan las condiciones adecuadas a finales del verano o principios del otoño, con un viento del sur y un cielo despejado, las laderas del Fuji parecen estar teñidas de rojo por los rayos del sol al amanecer. Ésta es una de las composiciones más abstractas y sin embargo de más concreción climática, de las series de Hokusai.

8 Hoja *tachi*, siglo XIV d.C., firmada por Morokage de la provincia de Bizen (hoy en día, Prefectura de Okayama). Los sables japoneses no eran simplemente armas muy eficaces, sino que además eran reverenciados por su intrínseca belleza y sus cualidades espirituales. También se fabricaban y se ofrecían en los santuarios como regalos o recipientes para los *kami* (dioses), además de ser un instrumento de guía espiritual para los guerreros samurai, quienes buscaban el camino de la iluminación. El diseño *hamon* de la hoja es del tipo «clavo y correspondiente ola».

Corea

La península de Corea ya estaba poblada en el Paleolítico; durante el Neolítico sus habitantes producían cerámica con motivos realizados a peine. Su Edad del Bronce estuvo caracterizada por la edificación de grandes cistas funerarias y dólmenes, además de la introducción del cultivo del arroz. Los objetos de bronce que se produjeron en esta época son muy distintos de los de China e incluyen utensilios rituales utilizados en ceremonias chamánicas.

En el año 400 a.C. ya se producía hierro: se han descubierto considerables cantidades de armas y armaduras de hierro en el sur del país. Las altas temperaturas necesarias para la producción del hierro están asociadas con el surgimiento de la cerámica de gres durante esta época. Este período también fue testigo del establecimiento de diversas colonias chinas Han en el norte de la península. En un principio, Corea estaba dividida en cuatro regiones, pero durante el período de los Tres Reinos (57 a.C.-668 d.C.) Kaya, que estaba situada en el centro meridional de la península fue asumida por Silla en el sudeste. Koguryo ocupó el norte y Paekche el sudoeste.

En Koguryo, las tumbas de piedra construidas en forma de pirámides escalonadas contenían cámaras decoradas con pinturas murales que muestran una clara influencia de las pinturas chinas del período Han. Paekche mantuvo contacto marítimos con el sur de China y también influyó en el desarrollo del arte budista en Japón, a donde emigraron gran parte de sus artistas y artesanos. Los impresionantes recipientes funerarios de piedra que se produjeron en Kaya y Silla fueron utilizados probablemente en rituales de enterramiento chamánico. De las tumbas descubiertas en Silla también se han extraído espectaculares coronas de pan de oro, cinturones, zapatos, pendientes y recipientes cuya decoración indica posiblemente un origen en las culturas esteparias escito-siberianas de Asia central.

Silla unificó Corea en el año 668 d.C. Su espléndida capital en Kyongju era casi una réplica de la capital china del período Tang en Chang'an. Las estrechas relaciones con China dieron como resultado la introducción de una administración de estilo chino, y muchos coreanos viajaron a China y a otros países más alejados. La sociedad altamente estratificada del período Silla Unificado perduró durante la dinastía Koryo (918-1392), bajo cuyo gobierno crecieron tanto la influencia como la riqueza de la iglesia budista. Durante este período se produjeron una gran cantidad de delicadas obras de arte (pinturas, manuscritos iluminados, esculturas y objetos de celedón) para la gloria del budismo.

La reproducción de las escrituras budistas se consideraba como un acto meritorio; en el siglo XI, se imprimió la totalidad del canon budista utilizando más de 80.000 bloques de madera tallados a mano, un logro extraordinario realizado en un vano intento de proteger a Corea frente a la invasión de los mongoles. El deseo de imprimir los textos sagrados de forma más rápida y eficaz llevó a la invención del primer tipo de prensa de metal móvil del mundo, a principios del siglo XIII.

El budismo fue perseguido durante el largo gobierno de la dinastía Choson (1392-1910), un período en el que el confucionismo fue la filosofía prevaleciente. El siglo XV, sin embargo, fue testigo de un florecimiento en la ciencia, la tecnología y la cultura, a pesar de que una serie de invasiones japonesas a finales del siglo XVI causaron gran destrucción. Apenas Corea se había recuperado de estas incursiones (conocidas como las «Guerras de la Cerámica» puesto que los japoneses capturaron y apresaron a muchos alfareros) cuando fue invadida por los manchúes, quienes fundarían la dinastía Qing de China. Sin embargo, el siglo XVIII se caracterizó por ser un período de seguridad y madurez que se refleja en el arte de la época.

1

Neolítico 6000-1000 a.C.								Edad del Hierro - Período anterior a los Tres 400 a.C.-300 d.C.
					Edad del Bronce 1000-200 a.C.			
3000 a.C.	2500 a.C.	2000 a.C.	1500 a.C.	1000 a.C.	800 a.C.	600 a.C.	400 a.C.	200 a.C.	0

2

3

5

4

1   Regadera (*kundika*) de porcelana con incrustaciones en blanco y vidriado en celedón. Dinastía Koryo, siglo XII d.C. Las regaderas como ésta se utilizaban en los rituales budistas. La forma del recipiente es originaria de la India y la técnica de elaboración de vidriados translúcidos en celedón se importó de China, sin embargo la técnica de incrustación fue una innovación coreana.

2   Retrato de un erudito confucionista. Tinta y pigmentos sobre papel. Dinastía Choson, finales del siglo XVIII - siglo XIX d.C. El erudito lleva el tradicional atuendo blanco y sombrero confeccionado con pelo de caballo tejido. La representación detallada de la cara muestra la influencia occidental introducida por los pintores jesuitas en la corte china de Pekín, que era visitada por pintores y enviados coreanos.

3   Manuscrito iluminado de la *sutra* de Amitabha. Pintura de oro y plata sobre papel azul. Dinastía Koryo, data del año 1341 d.C. Los discursos de Buda se conocen con el nombre de *sutras*, los comentarios sobre ellos se llaman *abidharma* y las normas de conducta monástica, *vinaya*, y comprenden las tres principales ramas del canon budista. La única ilustración en esta copia de la *sutra* de Amitabha, muestra a Buda predicando.

4   Hebilla de cinturón en forma de caballo realizada en bronce. Principios de la Edad del Hierro, siglos II-I a.C. Se cree que las hebillas de cinturones con forma de animal eran un símbolo de prestigio.

5   Pendientes de oro. Período de los Tres Reinos, siglos V-VII d.C. Posiblemente procedentes de una tumba real de Silla. Las colecciones occidentales contienen pocas piezas de este calibre.

	Silla Unificado 668-935 d.C.				Ocupación Japonesa 1910-1945 d.C.	

...do de los Tres Reinos 57 a.C.-668 d.C.
  Koguryo 37 a.C.-668 d.C.
    Paekche 18 a.C.-663 d.C.
    Kaya 42 a.C.-562 d.C.
    Silla 57a.C.-668 d.C.

Koryo 918-1392 d.C.

Choson (Yi) 1392-1910 d.C.

.C.	400 d.C.	600 d.C.	800 d.C.	1000 d.C.	1200 d.C.	1400 d.C.	1600 d.C.	1800 d.C.	2000 d.C.

El Pacífico Sur y Australia

La gran extensión del Océano Pacífico es un espacio habitado. A principios del siglo XXI, más de 14 millones de personas viven agrupadas en 28 naciones esparcidas a través del Pacífico, y con más de 1,300 lenguas. Para muchos de estos pueblos, el océano no es tanto una barrera como un conocido paisaje a través del cual viajan constantemente en barco o en avión, intercambiando bienes y conocimientos a la vez que extienden y mantienen una red de contactos personales y familiares. Los habitantes de las islas del Pacífico han sido siempre hábiles navegantes y lingüistas. Tal y como el erudito Epeli Hau'ofa describe a sus ancestros del Pacífico: «.... su universo comprende no solo las superficies terrestres sino también el océano que les rodea hasta donde pueden atravesarlo y explotarlo, el infierno con sus moradores que controlan el fuego y sacuden la tierra, y los cielos con sus jerarquías de poderosos dioses y estrellas y constelaciones a las que han dado nombre y con las que podían contar para servirles de guía en sus trayectos por el mar» (1994).

Los españoles y los portugueses comenzaron a explorar las islas esparcidas por el norte del Pacífico durante los siglos XVI y XVII. El *Antelope,* un barco de la Compañía Británica de las Indias Orientales, encalló cerca de la isla de Palau en 1783: los objetos que sus habitantes dieron a los marinos están ahora en el Museo Británico, que contiene una rara e importante colección procedente del Pacífico Norte. Los primeros encuentros de los europeos con el gran Pacífico Sur se centraron en las islas del este, como Tahití, Nueva Zelanda y Hawaii. A los europeos les resultó fácil entablar relaciones con estas sociedades: sus complejas estructuras sociales con jefes, gente común y sacerdotes, no eran muy distintas del sistema de clases inglés, por ejemplo. Además, los isleños del este del Pacífico estaban deseosos por participar en intercambios de todo tipo. Las colecciones del museo incluyen material adquirido por los primeros viajeros que fueron al este del Pacífico, como el Capitán James Cook, quien recibió un elaborado traje de plañidero durante su segundo viaje (1772-5). Los misioneros siguieron a los primeros exploradores y también coleccionaron varios objetos; los de la Sociedad Misionera de Londres llegaron en 1797. La figura conocida como A'a, que representa a una deidad de las islas australes (sudeste del Pacífico), fue presentada a los misioneros de la SML en 1821. Hoy en día, la mayoría de las naciones del Pacífico son cristianas.

Toda cultura en cualquier parte del mundo está en constante evolución, respondiendo a las preferencias y circunstancias de sus gentes; pero los europeos trajeron enfermedades y otras fuerzas destructivas al Pacífico, y buena parte de su población y prácticas

1

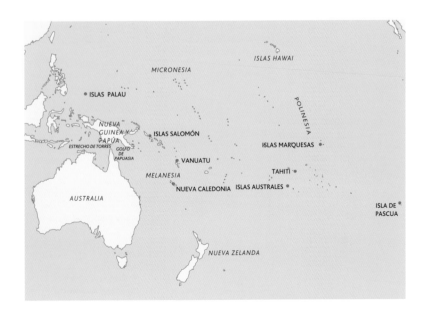

1 Escultura de madera que representa a la deidad A'a, el progenitor de la isla de Rurutu, islas Australes. La profunda cavidad en la espalda de la talla contuvo anteriormente 24 imágenes más pequeñas, ahora desaparecidas. Adquirida en el año 1911, es uno de los ejemplos más delicados y famosos que existen de escultura polinesia.

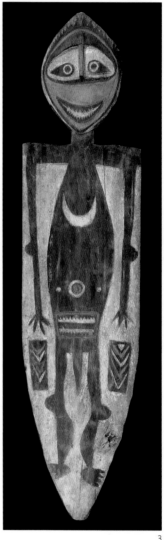

3

2 Gran figura de piedra (Hoa Hakananai'a). Procedente de Orongo, isla de Pascua. Este tipo de figuras conmemoraban a importantes ancestros y fueron realizadas entre el año 1000 a.C. y la segunda mitad del siglo XVII.

3 Tabla tallada. Elema, este de la provincia del Golfo, Nueva Guinea. Esta tabla fue tallada para albergar a un espíritu del bosque y se guardaba en la casa comunal de los hombres. Los elema pretendían entretener y divertir a los espíritus del bosque además de beneficiarse de su ayuda. Es probable que la figura representada esté bailando. Lleva insignias que incluyen un pectoral de madreperla y un cinturón de corteza.

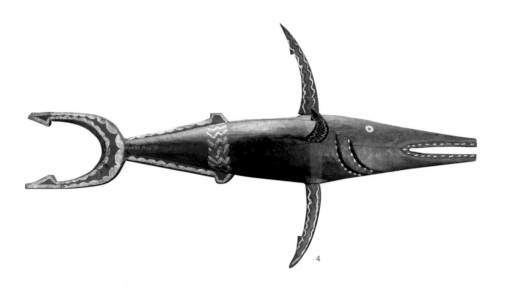

4

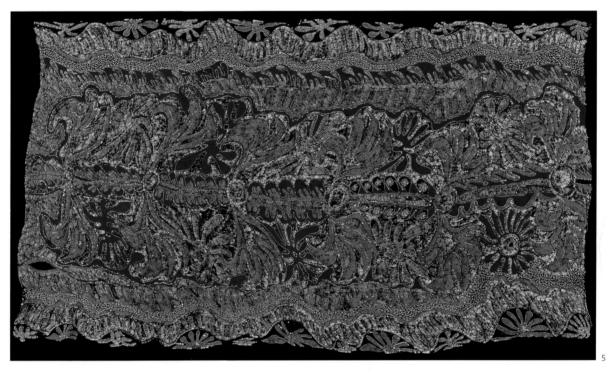

5

declinaron o desaparecieron bajo estas presiones. Es probable que la famosa figura de piedra procedente de Rapanui (isla de Pascua), conocida como Hoa Hakananai'a estuviera situada al aire libre con otras figuras similares. Varios cientos de años después fue trasladada a una casa de piedra en un centro ritual, y se tallaron y pintaron diseños en bajorrelieve en su parte posterior; esto sugiere que le fue atribuido un nuevo papel especial. Fue adquirida en 1868, cuando la población de Rapanui ya se había reducido drásticamente. El final del siglo XX fue testigo de un resurgimiento de la identidad y cultura del Pacífico, y los objetos hechos y coleccionados en el

pasado tienen a menudo un significado especial para las poblaciones de hoy en día. Hoa Hakananai'a es un buen ejemplo de ello.

En las islas del oeste del Pacífico, justo al norte y al este de Australia, la población está organizada en pequeños grupos sociales. Estos grupos estaban unidos por sofisticadas redes de comercio e intercambio, que continuaron, aunque modificadas, entre las naciones de Nueva Guinea y Papúa, las islas Salomón y Vanuatu en Nueva Caledonia.

A los europeos les resultó más difícil entender a las sociedades del oeste del Pacífico, que eran sistemas sociales más igualitarios. Estos pueblos resultaban

menos acogedores que los de las islas del este, en parte porque no había jefes poderosos que estuvieran interesados en garantizar la seguridad de los europeos. Las colecciones más tempranas de esta región que se encuentran en el Museo Británico datan del año 1830; se adquirieron más objetos a través de las oficinas coloniales y de los misioneros a finales del siglo XIX. El receptáculo de madera en forma de pez que contenía un cráneo humano, procedente de Santa Ana en las islas Salomón, fue adquirido por el Almirante Davis durante una de las patrullas navales británicas con las que se intentaba regular las relaciones de los europeos con los isleños (1890-93). En cambio, la tabla tallada y pintada de los elema del golfo de Papuasia fue adquirida por James Chalmers de la SML en 1914.

Los aborígenes australianos llevan viviendo en ese continente más de 40,000 años. Cuando llegaron los primeros colonos europeos había al menos 250 grupos lingüísticos, muchos de los cuales han desaparecido. Los isleños del Pacífico Sur eran y son agricultores, que cultivan sus productos en jardines dedicados a alimentos, mientras que los aborígenes australianos tenían un conocimiento sofisticado de su entorno que les permitía cazar y recolectar lo que necesitaban. Su compleja percepción religiosa y filosófica queda reflejada hoy en día en el arte. Sus obras incluyen pinturas sobre corteza, lienzo y tejidos, utilizando técnicas tradicionales e importadas, e ilustran historias, creencias y paisajes. A través de su arte, los aborígenes australianos reafirman tanto su presencia en Australia como la vitalidad de su cultura.

6

7

| 4 | Receptáculo para cráneo. Procedente de Santa Ana, provincia de Makira, islas Salomón. Este pez tallado (un tiburón o un bonito) contenía el cráneo de un importante ancestro. Potentes reliquias como ésta permitían a las comunidades solicitar la asistencia de los muertos. Los fantasmas se encarnaban a veces en tiburones vivos. Este receptáculo fue vendido al museo en 1904. | 5 | Batik contemporáneo hecho sobre una tela de seda por Nyukana Baker. Procedente de Ernabella, en el centro de Australia. En Australia hoy en día se está experimentando con diseños indígenas y formas de ilustrar el mundo utilizando nuevos medios como el batik sobre seda. Baker es una artista que ha expuesto a menudo dentro y fuera de su país. | 6 | Colgante de nefrita, *hei tiki*. Maorí, Nueva Zelanda. La nefrita siempre ha sido un material muy codiciado por los maoríes y se utilizaba para la fabricación de armas y de adornos personales. Dichos objetos son atesorados como reliquias familiares y se transmiten de una generación a otra, adquiriendo mayor poder espiritual con cada propietario sucesivo. | 7 | *Parae*, vestido del jefe de los plañideros. Tahití. Tras la muerte de un personaje de alto rango, un familiar próximo o un sacerdote atraviesa el distrito que les rodea vestido con este traje y máscara y portando un garrote dentado. Puede que el paso del jefe de los plañideros representara el paso del espíritu del fallecido al mundo de los muertos. A medida que el plañidero se acercaba, la gente se escondía para evitar su poder y su violencia. Este traje, confeccionado con conchas de nácar, plumas, corteza de árbol, madera y cáscara de coco, fue regalado probablemente al capitán James Cook en 1774. |

Mesoamérica, Centroamérica y Sudamérica

El término Mesoamérica fue utilizado por primera vez por el antropólogo Paul Kirchhoff en los años 40 para describir una zona que comprende el sur de Norteamérica y Centroamérica y que antaño compartió similares rasgos culturales. Esta región cubre parte del territorio actual de México, Guatemala, Belice, El Salvador, y el oeste de Honduras y Nicaragua, aunque sus fronteras fluctuaron a través del tiempo. Desde el desierto del norte de México hasta las costas tropicales del Pacífico en el sudeste, esta región tan ecológicamente diversa fue testigo de numerosas tradiciones culturales con una visión común del mundo.

La evidencia más temprana de la agricultura en Mesoamérica procede del estado de Guerrero, en México. Para el cuarto milenio a.C., ya se había domesticado el maíz, el cultivo principal. Las comunidades agrícolas aumentaron en número y complejidad en toda Mesoamérica durante el Preclásico (aprox. 2500 a.C.-250 d.C.), un período que también fue testigo de la aparición de la cerámica.

Una de las civilizaciones más tempranas que se conocen es la de los olmecas (1200-400 a.C.). La cultura olmeca se centró en el sur de la Costa del Golfo, donde se construyeron grandes complejos arquitectónicos, escultura monumental y exquisitos objetos lapidarios. Es también en esta región donde encontramos la evidencia más temprana del calendario mesoaméricano, en el siglo II a.C., y de un panteón de dioses que sentó las bases de lo que luego se convertiría en una religión panmesoamericana, que perduraría hasta la Conquista española en el siglo XVI.

La ciudad de Teotihuacan, en el Valle de México, emergió como un centro de poder religioso, comercial y cívico durante el período Clásico (aprox. 250-900 d.C.). Esta gran metrópolis ejerció su influencia sobre un vasto territorio. Durante el mismo período, en la zona maya, un aumento de la población resultó en el crecimiento de centros urbanos especialmente en las Tierras Bajas. El gran número de inscripciones jeroglíficas del Clásico maya, talladas en monumentos de piedra, sugiere un complejo mosaico de alianzas políticas y guerras entre numerosas ciudades estado.

Durante el Posclásico (900-1521 d.C.) los cambios de alineamientos políticos y económicos son evidentes. Hubo un incremento en militarismo y un cambio

1

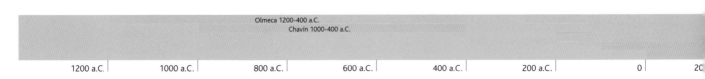

Olmeca 1200-400 a.C.

Chavín 1000-400 a.C.

| 1200 a.C. | 1000 a.C. | 800 a.C. | 600 a.C. | 400 a.C. | 200 a.C. | 0 | 20 |

2

3

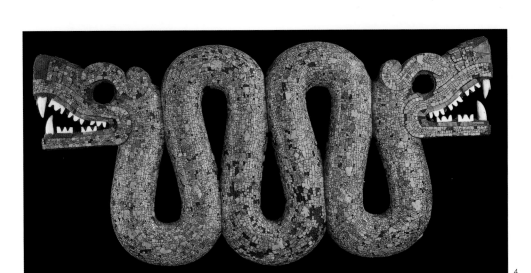

4

1 Hacha votiva de jade. Olmeca, 1200-400 a.C. Esta enorme hacha ceremonial combina las características del caimán y del jaguar, los depredadores más poderosos de las tierras bajas tropicales.

2 Figura hueca de cerámica. Occidente de México, aprox. 300 a.C.-300 d.C. Se encuentran figuras modeladas en las profundas tumbas de tiro, que estaban reservadas para la elite. Representan la fauna y la flora, y escenas de la vida cotidiana, como gente comiendo, bebiendo o tocando instrumentos musicales.

3 Dintel esculpido en piedra, procedente de Yaxchilán, México. Maya, Clásico Tardío, 600-900 d.C. El Dintel 15 forma parte de una serie de tres que conmemoran la ascensión al poder de Pájaro-Jaguar IV, un poderoso gobernante maya. Ilustra un rito de sangre llevado a cabo por una de sus esposas.

4 Mosaico de turquesa representando una serpiente bicéfala. Azteca/mixteca, aprox. 1500 d.C. Los artesanos mixtecas destacaron por sus trabajos lapidarios. Se utilizaba concha, turquesa y otras piedras preciosas, para elaborar máscaras, escudos, cetros y adornos, que normalmente estaban reservados para el uso de la elite o para representaciones de las deidades.

				Maya 250 a.C.-1000 d.C			Huasteca 900-1450 d.C.			
Teotihuacan 150 a.C.-750 d.C.									Mixteca 1200-1521 d.C.	
Zapoteca 200 a.C.-800 d.C.									Azteca 1325-1521 d.C.	
ne 100 a.C.-700 d.C									Inca 1438-1532 d.C.	
Nazca 1 a.C-700 d.C.			Quimbaya 400-900 d.C.				Chimú 900-1470 d.C.			
400 d.C.	600 d.C.	800 d.C.	1000 d.C.	1200 d.C.	1400 d.C.	1600 d.C.

5

6

en las rutas de comercio de larga distancia. Fue durante este período cuando los aztecas extendieron su dominio a las tierras altas del centro de México, así como a la Costa del Golfo y el Pacífico, exigiendo tributo a las provincias conquistadas. Los aztecas, conocidos también como mexicas, habían ascendido (mediante una combinación de alianzas dinásticas, comercio y conquistas) desde sus humildes comienzos en el año 1325 hasta convertirse en un extenso imperio para el siglo XVI, época en la que llegaron los españoles.

Hay indicios de contacto entre Mesoamérica y Centroamérica y Sudamérica durante varios periodos. La cerámica y la arquitectura funeraria en el occidente de México indican contactos con Ecuador y Colombia para finales del período Preclásico, mientras que la tecnología de la metalurgia fue introducida desde Sudamérica a través del Istmo de Centroamérica (Panamá y Costa Rica) en el Posclásico. Una de las rutas de

entrada fue por la zona maya hasta el centro de México y las regiones colindantes. El segundo punto de entrada fue la costa del occidente de México. Los pueblos de Colombia y Perú también produjeron exquisitos trabajos en metal con oro, plata, cobre y bronce, incluyendo los magníficos adornos fundidos del estilo Quimbaya de Colombia.

Los Andes y los fértiles valles que atraviesan los áridos desiertos de la costa de Perú proporcionaron un marco excepcional para una sucesión de culturas. La cerámica aparece en la costa de Ecuador en el cuarto milenio a.C. y en el norte y centro de Perú, durante el segundo milenio a.C. Sin embargo, la presencia de artículos de lujo, especialmente textiles, y la arquitectura monumental precede el uso de la cerámica. En el norte de Perú, se erigieron estructuras monumentales en Chavín de Huantar hace más de 2.500 años; la cultura Chavín ejerció un control político y religioso sobre un amplio territorio.

Durante el llamado período Intermedio Temprano (200 a.C-600 d.C.), los moches o mochica alcanzaron prominencia en el norte, levantando grandes complejos arquitectónicos en su capital en Cerro Blanco. Unos de éstos, la Huaca del Sol, es la estructura de adobe más grande jamás construida en los Andes. Las cerámicas moche que se manufacturaron incluyen vasijas de asa puente y asa estribo decoradas con pintura a finas líneas y vasijas polícromas que representan figuras humanas de gran realismo.

En la costa sur, los nazca son más conocidos por su bella cerámica polícroma y sus tejidos decorados con una gran variedad de animales y de diseños geométricos. Las líneas nazca (grandes figuras dibujadas en el desierto) representan en algunos casos los mismos motivos.

En el altiplano, cerca del lago Titicaca, Tiwanaku ejerció el control hasta finales del primer milenio d.C. Las estructuras

monumentales, puertas y estelas dan
muestra de la influencia de este
importante centro religioso.

El más poderoso de todos los imperios
de Sudamérica fue el de los incas (aprox.
1200-1535 d.C.), que se extendió desde lo
que hoy en día es Ecuador hasta Chile. Su
arquitectura es realmente asombrosa:
hecha con grandes bloques de piedra que
se encajan perfectamente entre sí para
formar casas, palacios y estructuras
religiosas. La destrucción a manos de los
españoles del imperio inca y de su capital,
Cuzco, en 1534 señala el abrupto final de
una gran civilización que gozó de su
propio calendario, de una extraordinaria
red de calzadas y de un sofisticado
sistema de agricultura altamente
productivo, con terrazas y canales
de riego.

7

8

9

| 5 | Vasija de cerámica. Chimú, 900-1470 d.C. Los chimú produjeron un tipo de cerámica negra muy distintiva, utilizando una técnica particular de cocción y luego bruñendo las vasijas. Se ha modelado un pareja realizando una energética danza encima de una de las cámaras de la vasija. | 6 | Vasija de cerámica. Mochica, 100-700 d.C. Las cerámicas de la cultura moche o mochica de la costa de Perú eran excepcionalmente sofisticadas, tanto en la técnica como en el diseño. Esta vasija retrato capta con precisión el imponente rostro de un poderoso señor. | 7 | Vasija nazca con colibríes, 200 a.C.-600 d.C. Este diseño, que representa a unos colibríes sobrevolando unas flores en la base de los picos de la vasija, es característico de las fases tempranas de la secuencia cultural nazca. Los colibríes eran considerados como los intermediarios o incluso las manifestaciones de los dioses de la montaña. | 8 | Llama de oro. Perú. Inca, aprox. 1400-1532 d.C. Se han encontrado pequeñas figurillas representando a humanos o llamas depositadas como ofrendas en los santuarios de alta montaña, templos y enterramientos humanos de los incas. Esta llama está hecha de una fina lámina de oro, martilleada hasta adquirir la forma y luego soldada en las juntas. | 9 | *Poporo* (frasco para cal) fabricado en tumbaga, una aleación de oro y cobre. Estilo Quimbaya, 400-900 d.C. La figura está hueca e incorpora una abertura en la parte superior de la cabeza. Se utilizaba probablemente como recipiente para contener el polvo de cal, que se masticaba junto con las hojas de coca para liberar su componente activo estimulante. |

Norteamérica

Existen dos interpretaciones sobre el poblamiento originario de las Américas. Los arqueólogos y los lingüistas describen un flujo de población hacia esta zona hace entre 15.000 y 40.000 años, durante la Edad del Hielo cuando el nivel del mar estaba mucho más bajo. Se formó un vasto puente de hielo en lo que en la actualidad se conoce como el Estrecho de Bering, uniendo Alaska y Siberia; los cazadores cruzaron desde Asia a Alaska persiguiendo a los grandes animales de caza, como el mamut, extendiéndose rápidamente por todo el continente americano, bien a lo largo de la costa o por el interior. Los pueblos nativos (alrededor de mil) tienen una interpretación muy distinta sobre sus orígenes, contada a través de variadas historias orales que están a menudo relacionadas con sus territorios ancestrales o con sus tierras tribales actuales. La diversidad lingüística (aproximadamente el 25 por ciento de las lenguas del mundo son norteamericanas) caracterizaba el continente antes del contacto europeo.

La rápida expansión de la población vino acompañada por el desarrollo de herramientas y estilos de vida especializados que les permitió adaptarse a los diversos hábitats de Norteamérica. La horticultura, por ejemplo, se desarrolló hace más de 2.000 años provocada por la recolección intensiva de grano, calabazas y semillas salvajes. El cultivo agrícola y el establecimiento de rutas comerciales de larga distancia favoreció el crecimiento de variadas y complejas culturas, como las de los adena y los hopewell del valle de Ohio, durante el período Woodlands. Los adena construyeron montículos funerarios cónicos, mientras que los hopewell son más conocidos por sus vastas construcciones de tierra, de uso defensivo y ceremonial, especialmente en el valle de Ohio.

La influencia que ejerció Mesoamérica hace mil años fue particularmente importante en el sudoeste de EE.UU, ya que supuso la llegada de cultivos básicos como el maíz procedente de México. Esta época se conoce como el período Mississippi, que se caracteriza por el florecimiento de una civilización basada en la agricultura y que construía sitios ceremoniales con grandes pirámides truncadas, o montículos templos, y canchas para el juego de pelota. Una de las ciudades principales, Cahokia en Illinois, tenía una población de entre 10.000 y 20.000 personas en el siglo XI, parecida a la de Londres en esa época. En el sudoeste, se desarrollaron culturas agrícolas altamente especializadas, con variados sistemas de riego, para hacer frente a las condiciones desérticas. Los indios pueblo, como los hopi hoy en día, mantuvieron su lengua y su cultura sin ser abrumados por la sociedad euro-americana.

Para los pueblos de esta región, la

1

2

llegada de la temporada de lluvias era, y sigue siendo, de la mayor importancia, invocada todavía hoy en día en sus cantos y ceremonias, y representada en sus manifestaciones artísticas.

A lo largo de todo el continente, sin embargo, la caza siguió siendo una fuente importante de alimento. Durante el último milenio, los inupiaq y los inuit que habitan las costas del Ártico se han especializado en la caza de mamíferos marinos como focas, morsas y ballenas. En una tierra cubierta por el hielo durante la mayor parte del año, el transporte mediante trineos y kayacs era vital para asegurar la provisión de alimentos. Hoy en día, las motonieves son el medio de transporte preferido entre las comunidades sedentarias, que a menudo consisten en territorios de auto-gobierno, como en Groenlandia y Nunavut. La introducción del caballo por los colonizadores españoles de Nuevo México después de 1598 permitió a los pueblos de las praderas cazar bisontes con mayor facilidad, que les proporcionaban alimento, además de pieles para vestirse y para confeccionar sus tipis. Cuando desapareció el bisonte en los años 1880,

3

4

5

1 Vestido de lana de los indios crow. Montana, aprox. 1900. Los dientes de alce que decoran esta pieza indican la destreza en la caza del esposo de su dueña.

2 Enderezador de astas de flecha, esculpido con dos cabezas de fetos de caribú y grabado con escenas de danza y caza. Inupiaq, Alaska, aprox. 1850. Las imágenes de caribú tienen importancia como amuletos.

3 Tocado de Ternera Amarilla. Plumas de águila, paño rojo, cuentas de vidrio, piel y crin de caballo. Arapaho, Wyoming, aprox. 1900.

4 Pipa de esteatita utilizada por el pintor estadounidense Benjamin West en sus cuadros históricos de EE.UU., sur de los Grandes Lagos, aprox. 1765.

5 Pipa hopewell de piedra. Mound City, Ohio, representando a un ave de presa comiéndo un pez. Aprox. 100-600 d.C. Las imágenes zoomorfas quizás representen a los espíritus protectores de los clanes o a individuos de alto rango.

los indios pasaron de la caza a la ranchería. Sin embargo, esto tuvo un éxito desigual, debido en parte a que se vieron forzados a transferir su tierra nativa, por un proceso de reparto, a los no nativos. Al mismo tiempo, entraron en vigor varias restricciones culturales, incluida la prohibición del uso de lenguas nativas en las escuelas indias y restricciones en actos ceremoniales y religiosos, como la Danza del Sol.

En el norte y nordeste, el suministro de pieles a los comerciantes europeos se convirtió en una actividad económica básica, sustituyendo o complementando la caza tradicional. En la costa del noroeste, los abundantes recursos, sobre todo de especies como el salmón y otros animales marinos, proveían (y aun proveen hoy en día) gran cantidad de alimentos que permitían a los pueblos pescadores ser sedentarios. Esta sociedades jerárquicas continúan manteniendo un rango social mediante la celebración de las historias sobre el origen de los clanes, las familias y los linajes. Durante elaboradas fiestas llamadas *potlatch*, que se celebran tradicionalmente en el invierno, se conmemoran acontecimientos relacionados con el ciclo de la vida mediante poderosas canciones y danzas que recrean los míticos orígenes de las familias en el mundo animal. Estas fiestas incluyen generalmente actuaciones con máscaras.

Los primeros europeos llegaron a Groenlandia y Newfoundland en el siglo X d.C., sin embargo, la verdadera colonización no dio comienzo hasta el siglo XVII. Atraídos por el doble objetivo de obtener tierras y pieles, los colonos penetraron en el continente a lo largo de los ríos principales de la vertiente oriental. La población nativa quedó diezmada por la introducción de enfermedades y, durante el siglo XVIII, por las catastróficas guerras coloniales entre los estadounidenses, los británicos y los franceses. En el siglo XIX, los estadounidenses y canadienses de origen europeo desplazaron a la población indígena, forzando a los indios a vivir en reservas. Hoy en día, un resurgimiento económico y cultural, del cual son un buen ejemplo las dinámicas tradiciones artísticas y las celebraciones *powwow*, ha ido acompañado por un rápido crecimiento de la población, que ha permitido a muchas de las naciones indígenas desarrollar una independencia económica y asumir un cierto grado de auto-gobierno.

6

7

8

9

6 Manta o manto chilkat tlingit. Tejida con lana de cabra montesa y corteza de cedro, con una cresta, posiblemente una ballena. Procedente de Alaska, siglo XIX.

7 «La Llegada de Diego», por el artista cochiti, Diego Romero. Nuevo México, 1995. Conmemora la revuelta de los pueblo (1680-92) y muestra la reconquista de Don Diego de Vargas (con el estilo de un comic).

8 *Nulthamalth*, o bufón que baila, una máscara que se lleva para asegurar el buen comportamiento durante los *potlatch* o fiestas. Kwakwaka'wakw, Colombia Británica, aprox. 1850.

9 Trineo inuit tallado en hueso y marfil, en una tierra donde no hay madera, y unido por tiras de piel. Norte de Groenlandia, aprox. 1818.

Europa Prehistórica

Los seres humanos llegaron a Europa hace casi un millón de años, trayendo consigo su habilidad para tallar piedra y el estilo de vida cazador-recolector de sus antepasados africanos. Sin embargo, los humanos modernos, *Homo sapiens sapiens*, no llegaron hasta hace aproximadamente 40.000 años, durante el último período glacial. El período siguiente, el Paleolítico Superior, no solamente fue testigo de avances tecnológicos en la fabricación de herramientas de piedra y armas sino también de la aparición del arte y adornos personales: animales, figuras humanas y símbolos fueron pintados, tallados o grabados sobre las paredes de las cuevas, o sobre fragmentos de hueso, cuerno, marfil y piedra.

Hacia finales de la Edad del Hielo, se desarrolló una relación totalmente distinta con el mundo natural. La agricultura, desarrollada en el Oriente Medio hace aproximadamente 11.000 años, se extendió por toda Europa, alcanzando sus regiones más occidentales en el año 4000 a.C. La forma de vida se hizo más sedentaria y el trabajo más especializado. Se comenzaron a elaborar nuevas herramientas en piedra y madera para trabajar la tierra además de recipientes de cerámica para almacenar sus productos.

A medida que surgieron sociedades más complejas, el arte de la Europa oriental se volcó hacia la representación de figuras humanas, aunque los ejemplos más estilizados que han sobrevivido sugieren modelos sobrenaturales o ideales más que seres de carne y hueso. En las regiones occidentales se comenzaron a edificar grandes estructuras de piedra que comprenden desde una sola piedra colocada de pie hasta el imponente complejo de Stonehenge. Los primeros caminos alzados, construidos para facilitar la trashumancia de los pastores, también datan de este período.Un aumento de la población y una gradual mejora de las comunicaciones fomentó el comercio y los contactos, aunque también supuso una mayor fricción entre los distintos grupos sociales. La metalurgia del cobre, que tiene sus orígenes en Anatolia, se fomentó en regiones del sur de Europa a partir de finales del quinto milenio a.C. Fue más tarde, alrededor del año 2500 a.C., cuando se dejó sentir el impacto de esta nueva tecnología en los rincones más alejados de Europa y de las islas británicas, que añadiría un nuevo significado al concepto de rango social, a la expresión de la identidad y al control de los recursos. El bronce, producido por la aleación del cobre con estaño, comenzó a utilizarse a partir del año 2300 a.C. aproximadamente; sin embargo, no se convirtió en la aleación universal hasta varios siglos después, ya que las fuentes de estaño eran escasas.

Mientras que a orillas del Mediterráneo oriental florecían sociedades alfabetizadas y civilizadas, en la mayor parte de Europa,

1

2

Neolítico 6000-2000 a.C.				Edad del Bronce Final 1500-
		Edad del Bronce Antiguo 2000-1500 a.C.		
2250 a.C.	2000 a.C.	1750 a.C.	1500 a.C.	

Hallstatt A 1100-800 a.C.	Hallstatt B 800-700 a.C.	Edad del Hierro - Hallstatt C-D y La Tène 700 a.C.-43 d.C.		
	Villanovanos	Etruscos		
1000 a.C.	750 a.C.	500 a.C.	250 a.C.	0

6

7

8

las estructuras tribales continuaron su evolución, basadas algunas veces en una autoridad religiosa, otras en unas redes de comercio controladas por la elite y otras en la supremacía militar. La cultura material era enormemente variada en todo el continente, pero en algunos casos, como el de la cultura campaniforme que se encuentra en toda la Europa occidental, algunas formas características se extendieron a través de sociedades totalmente dispares. Grandes cantidades de vasijas y bellos artefactos hechos de sílex, bronce, oro y otros materiales exóticos fueron enterrados como tesoros, como ofrendas a las deidades del agua o colocadas con los muertos como parte de una variedad de ritos funerarios.

En la época en que el hierro sustituyó al bronce en la fabricación de utensilios y armas, hace 2.800 años, Europa ya era un mosaico compuesto de complejas comunidades agrícolas que no poseían ciudades, dinero o estados. Había un comercio y contactos considerables entre estas sociedades agrícolas, especialmente para las necesidades básicas de la vida como el hierro y la sal. Muchos de estos agricultores eran también guerreros, y algunos sitios estaban gobernados por jefes e incluso reyes. La guerra, los carros y los festejos eran aspectos importantes de la

vida para los cuales los artesanos producían elaborados objetos decorados, como armas, aparejos de caballo y garrafas para el vino. Estos objetos se encuentran hoy en día porque muchos de ellos se colocaban en las tumbas y otros se ofrecían a los dioses.

Hace aproximadamente 2.500 años, empezaba un nuevo estilo artístico, con diseños abstractos, que llamamos actualmente arte de La Tène o Céltico Temprano. A partir de esta época, los pueblos del norte de Europa establecieron contactos cada vez más frecuentes con los griegos y los romanos, mediante el comercio, las guerras y la conquista. Es a través de los escritos de los griegos y de los romanos que se empiezan a oír los nombres, lenguas e historias de los pueblos que ellos llamaron celtas, germanos, íberos y británicos. A medida que crecía el Imperio Romano, hubo cambios en los estilos de vida y en las sociedades de los pueblos agricultores del resto de Europa. En algunos sitios, aparecieron ciudades, monedas y escritura, junto con cambios en las técnicas agrícolas, la artesanía y el arte.

En Italia, la Edad del Hierro siguió un curso distinto, aunque las regiones del norte tenían fuertes afinidades con los «celtas» del norte de Europa. En el oeste

9

de la península y en el valle del Po, la cultura protoetrusca mostraba ya en el siglo IX a.C. incipientes signos de urbanización. El contacto con los comerciantes fenicios y los colonizadores griegos que se establecieron en el sur y en el oeste a partir del siglo VIII trajo consigo objetos exóticos importados procedentes del Mediterráneo oriental y a medida que se establecían verdaderas ciudades surgieron también poderosas aristocracias locales. Los etruscos, que escribían con un alfabeto derivado del alfabeto griego y que enterraban a sus muertos en magníficos sepulcros, nunca consiguieron una unidad política aunque extendieron su influencia hacia el norte, más allá de los Apeninos, y al sur hasta Campania. Las regiones del sur y del centro estaban pobladas por otros muchos grupos tribales, entre ellos los que fueron conocidos posteriormente como sabinos, samnitas, daunianos y peucetianos.

Entre los siglos VII y VI a.C. en el Lacio, al sur de la zona habitada por los protoetruscos, comenzó a expandir su poder un poderoso pueblo que habitaba en ciudades, los latinos. Roma, su ciudad más importante, legó su lengua y tradiciones al que sería el siguiente gran imperio de la Europa antigua.

10

6 La gran Torques, procedente de Snettisham, Norfolk, siglo I a.C. La torques, un objeto de adorno típicamente «celta», es una gargantilla maciza realizada con metal retorcido. Este delicado ejemplo está fabricado con ocho tiras de oro enrolladas, cada una con ocho filamentos. Los extremos están asegurados mediante remates de oro fundido.

7 Garrafa de bronce. Procedente de Basse-Yutz, Francia, aprox. 400 a.C. Esta garrafa, parte de una pareja y decorada con incrustaciones de coral y esmalte rojo, es un destacadísimo ejemplo del arte «céltico» temprano del período La Tène.

8 Parte posterior de un espejo de bronce etrusco, aprox. 350-300 a.C. El grabado de legendarias escenas en la parte posterior de los espejos fue una de las formas más desarrolladas del arte etrusco. Este ejemplo muestra al héroe Perseo observando la cabeza separada de la Gorgona Medusa.

9 Estatera de oro de Commius, aprox. 40-20 a.C. Las monedas griegas fueron copiadas por los pueblos de la Edad del Hierro del centro y norte de Europa desde el siglo III o II a.C.; para mediados del siglo I, esta práctica se había extendido también a Gran Bretaña. Commius fue un rey de los atrebatos, una tribu que ocupó el sur de estas islas.

10 El Escudo de Battersea, siglo I a.C. Descubierto en el río Támesis en Battersea, Londres. Este revestimiento de bronce pertenece a un escudo de madera y está decorado con elegantes curvas y zarcillos realzados con esmalte rojo. Es muy probable que el escudo fuese arrojado al río deliberadamente como ofrenda votiva.

El Mundo Griego

El mundo griego antiguo ocupó una extensa zona del Mediterráneo oriental desde principios de la Edad del Bronce hasta los tiempos de los romanos. A finales del cuarto milenio a.C. las islas Cícladas, en el mar Egeo, fueron testigo del nacimiento de una cultura característica que producía sencillas figurillas de mármol, delicadas vasijas de piedra y cerámica pintada. A finales del tercer milenio y principios del segundo, el centro de la civilización egea se trasladó al sur, a la cultura minoica de Creta, denominada así posteriormente por el legendario rey de la isla, Minos. La riqueza y prestigio minoicos son evidentes en el esplendor arquitectónico del palacio de Cnosos y en la delicada joyería, gemas y sellos grabados minoicos encontrados por todo

el Egeo. En la Grecia continental, una civilización asociada a la minoica sobreviviría hasta finales del siglo XII a.C., en Micenas y en otros lugares del Peloponeso.

Los pueblos de la cultura micénica estaban lingüísticamente relacionados con los griegos de eras posteriores y la escritura lineal con la que realizaban la contabilidad oficial ha sido interpretada como una forma temprana del griego. Las epopeyas de Homero y otras leyendas que los griegos posteriores relataron sobre este período se escribieron mucho después de que se hubiesen desvanecido los recuerdos fidedignos de aquella época.

Para el mundo griego, el periodo que siguió a la Edad del Hierro temprana fueron tiempos de desestabilización, con

1

2

	Cicládico Antiguo I-III			Cicládico Medio I-III
	Minoico Antiguo I-III			Minoico Medio I-III
	Heládico Antiguo I-III			Heládico Medio
3000 a.C.	2750 a.C.	2500 a.C.	2000 a.C.	

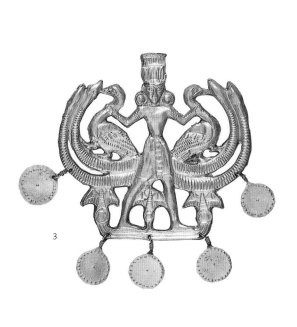

3

4

5

1 Figurilla cicládica de mármol, aprox. 2700-2500 a.C. Tipo Espedos Temprano. Quedan restos de pintura que indican los rasgos de la cara, una diadema y la decoración facial, realizada con puntitos, en una de las mejillas.

2 Cratera o jarra micénica con dos asas, decorada con una serie de carros, 1350-1325 a.C. Esta jarra fue descubierta en Chipre, donde los productos micénicos eran particularmente populares.

3 El «Señor de los Animales», un colgante minoico de oro procedente del Tesoro de Egina, aprox. 1700-1500 a.C. La figura sujeta un ave acuática en cada mano y está flanqueada por elementos estilizados parecidos a plantas.

4 Tetradracma de plata de Atenas, 450-406 a.C. El sistema monetario tiene sus orígenes en el mundo griego de principios del siglo VII a.C. La primera moneda de metal fue acuñada en el reino de Lidia en el occidente de Turquía alrededor del año 625 a.C.

5 Parte de una estatua colosal de piedra calcárea representando a un sacerdote. Período arcaico, 500-480 a.C. Procedente del Santuario de Apolo en Idalion, Chipre. La estatua se habría colocado junto a otras similares al frente del patio principal del santuario.

	Cicládico Reciente		Período Geométrico	Reformas de Clístenes, nacimiento de la democracia 508 a.C.
	Minoico Reciente I-III		Primeros Juegos Olímpicos conocidos Olimpia 776 a.C.	Período Arcaico
	Heládico Reciente			
1500 a.C.		1250 a.C.	1000 a.C.	750 a.C.

6

7

despoblación y migraciones. La cerámica se caracteriza por sus llamativos motivos geométricos, pero hacia el año 700 a.C. comenzó a resurgir el arte figurativo. Los comerciantes fenicios ya habían llevado la escritura alfabética a Grecia; ahora, el contacto con oriente introdujo en Grecia el arte de la representación humana. Pequeñas estatuillas de bronce, grandes figuras de mármol posiblemente inspiradas en los modelos egipcios, y ánforas pintadas primero en negro sobre un fondo rojo y luego (a partir de finales del siglo VI) en rojo sobre negro, ilustran el desarrollo de la experimentación con la forma humana como el aspecto más importante y permanente del arte griego.

La Grecia arcaica era un mundo de ciudades estado interconectadas por vínculos políticos e históricos similares a los que unían las diversas colonias de Italia, Sicilia y Asia Menor a sus metrópolis continentales. Estos estados fueron gobernados a veces por «tiranos» que se establecieron a sí mismos y a sus familias como jefes del gobierno. Pero era más frecuente que un pequeño grupo de hombres de alta cuna u oligarcas rigieran los asuntos de estado. En otros lugares, las decisiones las tomaban toda la ciudadanía: todos los varones libres, nativos y adultos. Esto era la democracia, vista en su forma más pura en Atenas a mediados del siglo V a.C.

Se considera, con frecuencia, que la Atenas democrática tipifica la era Clásica

6 Ánfora ateniense de figuras negras, firmada por el alfarero Exekias, aprox. 540-530 a.C. Descubierta en Vulci, Italia. Muestra a Aquiles matando a Pentesilea, reina de las amazonas. Según la mitología griega, Aquiles se enamoró de ella cuando moría.

7 Ánfora ateniense de figuras rojas, 480-470 a.C. Muestra la escena de la Odisea de Homero en la cual Ulises es atado al mástil del barco para que pueda escuchar los cantos de las Sirenas sin verse atraído por ellos.

Invasiones persas de Grecia continental 512-479 a.C.	480 a.C Batalla de Salamina, derrota de los persas 479 a.C. Batalla de Platea, derrota de los persas		404 a.C. Caída de Atenas a manos de Esparta	350 a.C. Construcción del Mausoleo de Halicarnaso
	480 a.C. Atenas saqueada por los persas	Construcción del Partenón 447-432 a.C.	Período Clásico	323 a.C. Muerte de Alejandro Magno
	450 a.C.	400 a.C.	350 a.C.	300 a.C.

8

9

Las Esculturas del Partenón

El Partenón, dedicado a Atenea, la diosa patrona de la ciudad, era el templo más importante de la antigua Atenas. Construido a mediados del siglo V a.C., sus arquitectos fueron Ictinos y Calícrates y el famoso escultor Fidias supervisó la decoración escultórica. Lord Elgin trajo las esculturas a Inglaterra a principios del siglo XIX, por lo que a veces se las denomina los Mármoles de Elgin. Incluyen un gran número de paneles procedentes del friso que recorría el exterior del templo, junto con algunas esculturas fragmentarias de los frontones y algunas de las metopas procedentes de la pared sur del templo. El friso, que muestra una larga procesión de jinetes y devotos, ha sido interpretado como la representación de un festival Panatenaico, celebrado cada cuatro años.

8 Casco etrusco de bronce dedicado a Olimpia. La inscripción narra la derrota de los etruscos en una batalla marítima, a manos de los siracusanos bajo su tirano, Hieron, en el año 474 a.C.

9 Pájaro con cabeza de mujer (o Sirena) estrechando a una figura humana. Procedente de la «Tumba de Arpía» en Xantos, Licia, 470-460 a.C. En la mitología y el arte griegos las Sirenas ayudaban a escoltar a los difuntos al más allá y defendían sus tumbas.

Período Helenístico

Batalla de Accio 31 a.C.
Muerte de Cleopatra VII, la última reina helenística

200 a.C.   150 a.C.   100 a.C.   50 a.C.

10

11

de Grecia. Como dejó constancia el historiador Tucídides, el papel de la ciudad, que salvó al territorio continental de la conquista persa en el año 480 a.C., y la adquisición de un rico imperio en el Egeo, aseguró la prominencia política de Atenas hasta su derrota a manos de Esparta en el año 404 a.C. En el siglo V, Atenas era el paraíso de filósofos, dramaturgos y artistas como Sócrates y Aristófanes. Esta coincidencia de la prosperidad imperial con el esplendor artístico quedó espléndidamente expresado en el Partenón y otros edificios de la Acrópolis.

En otras regiones del mundo griego coexistieron diversos sistemas políticos. En Asia Menor estos iban desde reinos de tiranos locales hasta gobiernos semi-independientes establecidos por sacerdotes de poderosos templos o santuarios. Asimismo en Sicilia la autocracia estaba a la orden del día: en Siracusa el triunfo de la tiranía sobre la democracia brindó más poder e influencia a la ciudad sobre la totalidad de la isla y gran parte del sur de Italia. Dichos regímenes eran a menudo tan favorables

para los avances en filosofía, arte y ciencia como lo había sido la democracia: Siracusa ofreció un hogar a Platón, mientras que su pupilo Aristóteles vivió durante algunos años en la pequeña tiranía de Atarneo en Asia Menor. A lo largo de la costa egea, artistas y arquitectos crearon magníficos templos y tumbas, como el sepulcro edificado en honor de Mausolo de Caria, gobernador de Halicarnaso.

Este mundo tan diverso estuvo brevemente unificado en el siglo IV a.C. primero con Filipo de Macedonia, quien unificó por la fuerza los estados de Grecia continental en el año 338, y a continuación por su hijo Alejandro Magno, quien se adentró en Asia. En una asombrosa campaña que duró ocho años Alejandro conquistó Persia y obtuvo el control de una región que abarcaba desde Egipto hasta el noroeste de la India, expandiendo así la cultura griega sobre una vasta zona. El período entre la muerte de Alejandro en el año 323 a.C. y la muerte de Cleopatra VII de Egipto en el año 30 a.C. es conocido como la era helenística.

Este periodo fue testigo del florecimiento

12

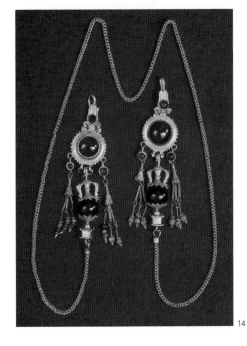

13

14

de las artes y la cultura destinados a una sociedad más cosmopolita. Cada dinastía fundó ciudades y construyó grandes monumentos públicos en ciudades como Pérgamo, Alejandría y Antioquía; mientras, las necesidades individuales se satisfacían con los nuevos cultos religiosos y con un auge del arte del retrato y las ofrendas privadas. Sin embargo, el mundo helenístico no gozó de paz. A medida que se disolvía el imperio macedonio, nuevas

superpotencias, como Roma, una cultura profundamente influida por Grecia, se disputaron con empeño la supremacía política. De este modo aunque la caída de Egipto a manos del Imperio Romano en el año 31 a.C. marcó el final de la independencia política griega en el Mediterráneo, la filosofía, la literatura y el arte griegos continuaron difundiéndose por todo el imperio romano y por el bizantino hasta la epoca medieval.

| 10 | El Monumento de las Nereidas, aprox. 380 a.C., procedente de Xantos, Licia, sudoeste de Turquía. Este edificio funerario fue erigido por una dinastía Licia, quizá la de Arbinas, y combina elementos iconográficos y diseños griegos y persas. Es posible que las figuras de pie entre las columnas representen a las nereidas, ninfas del mar. |

| 11 | Estatua colosal procedente del Mausoleo de Halicarnaso (la actual Bodrum, en Turquía), aprox. 350 a.C. El Mausoleo era conocido en la antigüedad como una de las siete maravillas del mundo. |

| 12 | Estatuilla de bronce representando a un cazador, probablemente Alejandro Magno. Período Helenístico, aprox. 250-100 a.C. Escenas de dinastas griegos cazando eran comunes como dedicatorias durante el período Helenístico. Ésta podría haber formado parte de un pequeño grupo que muestra a Alejandro, o a uno de sus sucesores, participando en esta actividad heroica. |

| 13 | Cabeza de bronce de un hombre procedente del norte de África, aprox. 300 a.C. Descubierta bajo el Templo de Apolo en Cirene. Las colonias griegas se establecieron por todo el Mediterráneo, incluido el norte de África. |

| 14 | Par de pendientes de oro en forma de discos y ánforas unidos por una larga cadena. Período Helenístico, 300-200 a.C. Se cree que proceden de Egipto. Tras la conquista de Egipto por Alejandro Magno en el año 332 a.C., la joyería se volvió casi por completo de estilo helenístico, aunque se han encontrado joyas con detalles egipcios a lo largo de todo el mundo helenístico. |

El Imperio Romano

Según relata la leyenda, la ciudad de Roma fue fundada por Rómulo en el año 753 a.C. En principio fue una monarquía, pero su último rey, un etrusco, fue expulsado en el año 509 a.C., lo que marcó el principio de la República. Emplazados en el centro de Italia y rodeados por colonos etruscos, sabinos y griegos, los romanos estuvieron expuestos a una gran diversidad de influencias extranjeras desde sus principios. La influencia etrusca sobre la Roma arcaica es evidente en sus trabajos artísticos en terracota y bronce fundido, en la arquitectura de los templos y en la sociedad aristócrata basada en clanes. Otra importante influencia llegó procedente de las colonias griegas de Sicilia y del sur de Italia: los romanos rendían culto a muchos de los mismos dioses que los griegos; su alfabeto se derivaba del griego; los prototipos de monedas griegas sirvieron de modelo para la acuñación de las suyas y compartieron la vida económica de las colonias griegas.

Entre los siglos VI y IV a.C., los romanos fueron afianzando gradualmente su supremacía en Italia mediante conquistas, tratados y alianzas. A partir del siglo III, sin embargo, sus horizontes empezaron a expanderse rápidamente, especialmente después de la derrota del general cartaginense Aníbal. Con la derrota de Cartago en el año 146 a.C. Roma pasó a ser la indiscutible dueña y señora del Mediterráneo. En el mismo año, Roma destruyó Corinto, una importante ciudad griega, y sometió al control o la influencia romanos a buena parte del Mediterráneo oriental, con su mosaico de reinos helenísticos empapados de cultura griega.

El estrecho contacto con el mundo griego a través de esclavos, rehenes y comerciantes que llegaban a Roma, dio paso a un renacimiento de la influencia griega en literatura, filosofía y especialmente en las artes visuales. Muchos de los artistas del mundo romano eran griegos procedentes del este donde se habían formado en las tradiciones helenísticas. Estas tradiciones, incluidas la pintura mural, la delicada arquitectura y escultura, y el arte de los mosaicos, gozaron de una popularidad inmediata entre las élites adineradas de Roma y de otras ciudades, que proporcionaron un mercado muy receptivo a todo tipo de arte helenístico. Sin embargo, algunos elementos del arte romano conservaron su distintiva identidad. La escultura retratista era especialmente realista, ya se tratara de estatuas de hombres de estado y generales o de humildes retratos encontrados en los monumentos funerarios privados.

Sin embargo, la República que logró esta exclusiva mezcla de culturas se convirtió finalmente en víctima de su propio éxito a

1

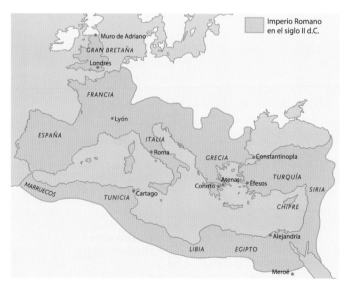

2

Fundación legendaria de Roma 753 a.C.

Deposición de Tarquino «El Soberbio», último Rey de Roma etrusco
Comienzo de la República 509 a.C.

900 a.C.   800 a.C.   700 a.C.   600 a.C.   500 a.C.

3

5

4

1	Cabeza de bronce del emperador Augusto. Procedente de Meroë, 27-25 a.C. Las monedas y las estatuas eran el medio principal para difundir la imagen del emperador por todo el imperio así como un recuerdo continuo del poder romano.
2	Moneda de plata. Principios de la época romana, aprox. 300 a.C. El contacto con las ciudades griegas de Sicilia y del sur de Italia llevó a los primeros romanos a copiar su sistema monetario. Fue la riqueza de estas ciudades, adquirida por los romanos durante su expansión por Italia, lo que tanto cambió la sociedad romana.
3	Sardonix intaglio (piedra preciosa grabada) mostrando una dama del imperio, posiblemente Livia, la esposa de Augusto, como la diosa Diana. 35-27 a.C. La nobleza a menudo representaba a las deidades. Un culto que veneraba al emperador y a su familia se extendió por todo el imperio.
4	Monumento funerario, 30-10 a.C. Muestra a un sacerdote romano nacido libre y a su esposa, un antigua esclava. Entre los privilegios otorgados por Augusto a los hombres y las mujeres libres estaba el derecho a contraer matrimonio con ciudadanos romanos.
5	Retrato pintado sobre el ataúd de una momia. Procedente de Hawara, Egipto, 55-70 d.C. El retrato realista era una fuerte tradición romana, y los retratos sobre los ataúdes de las momias pertenecientes a la elite urbana ilustran la fusión de las distintas culturas que se produjo en Egipto y en todo el imperio.

	Acuñación de las primeras monedas aprox.280 a.C.		218-201 a.C. Segunda Guerra Púnica Aníbal invade Italia y casi llega a conquistar Roma	César conquista la Galia Continental 58-51 a.C.	27 a.C. Augusto se declara Emperador, comienzo del Imperio
as Galos saquean Roma 390 a.C.	Construcción de la Vía Apia, la primera calzada romana importante construida en Italia 312 a.C.	290 a.C. Roma controla la totalidad de la Italia Central	Destrucción de Cartago y Corinto 146 a.C.	Expediciones a Gran Bretaña 55-54 a.C.	44 a.C. Asesinato de Julio César
400 a.C.	300 a.C.	200 a.C.	100 a.C.	0

6

medida que crecía la ambición de sus líderes. En el año 49 a.C., Julio César derrotó a sus rivales y asumió todos los poderes como dictador. La guerra civil que se desató tras su asesinato en el año 44 a.C. culminó con la derrota de Cleopatra y Marco Antonio en Accio y en la captura de Egipto. El vencedor fue Octavio, el sobrino e hijo adoptivo de César, que fue llamado Augusto y que se convirtió en el primer emperador en el año 27 a.C. Roma controlaba ahora toda la región mediterránea, desde España en el oeste hasta Siria en el este. Este imperio tan culturalmente diverso se mantuvo unido mediante la figura del emperador: la religión, la poesía, la escultura e incluso la historiografía, reflejaban su papel central.

Aunque las guerras continuaron en las zonas fronterizas del imperio, en el centro reinaba la paz por primera vez en muchos años. Esta *pax romana* trajo consigo la unidad y la estabilidad, resultando en un florecimiento de pueblos y ciudades y un auge en el comercio, la manufactura y las

artes. *Romanitas* o la romanización, en la lengua, el vestido, la arquitectura y las artes, se extendió rápidamente. El corazón del imperio estaba en sus ciudades que, a grandes rasgos, eran similares en forma y en funciones. El foro era el centro de la vida urbana, con basílicas donde se impartía la ley, la administración general y el cobro de impuestos, y templos para la adoración de los dioses. Los baños públicos proporcionaban esparcimiento e interacción social, mientras las arenas con sus animales, cazadores y gladiadores, el circo con sus carreras de carros, y el teatro, proporcionaban entretenimiento al pueblo.

El siglo III fue un periodo de cambios drásticos. Una sucesión de emperadores débiles y efímeros, lucharon en guerras civiles que extenuaron a los ciudadanos y que agotaron los fondos imperiales.

Las fronteras del imperio colapsaron ante los asaltos de los bárbaros y no se reestableció el orden hasta finales del siglo III bajo el reinado de Diocleciano, que reorganizó

7

	Dinastía Julio-Claudia 27-68 d.C.	79 d.C. Destrucción de Pompeya y Herculano durante la erupción del Vesuvio	Emperadores Antoninos 117-193 d.C.	
Ocupación Romana de Gran Bretaña 43 d.C.		Dinastía Flavio-Trajana 69-117 d.C.	Aprox. 122 d.C. Comienzo del Muro de Adriano	Emperadores Severos 193-235 d.C.
	50 d.C.	100 d.C.	150 d.C.	200 d.C.

el imperio de manera que sus dos mitades, la oriental y la occidental, fueran administradas por separado.

El emperador Constantino cambió el curso de la historia cuando promulgó el Edicto de Milán en el año 313 d.C., que proclamaba la tolerancia del cristianismo por parte del imperio. La iglesia cristiana podía a partir de ese momento desempeñar un papel oficial en la sociedad romana y esta función fue cobrando más importancia a medida que Constantino y otros personajes importantes romanos la proveían de riqueza y de poder. El simbolismo cristiano apareció en los mosaicos, la cerámica y los objetos de plata, aunque los diseños y las escenas paganas, grabadas de antaño en la imaginación popular, siguieron siendo más comunes. Otras religiones que también adoraban a un solo Dios se hicieron más fuertes durante el imperio tardío, especialmente la del dios persa Mitra, sobre todo entre los soldados.

En el año 330 d.C., Constantino trasladó su sede de gobierno a Constantinopla en el este, que sobreviviría como la capital del imperio oriental o Bizantino durante otros mil años. El occidente del imperio fue conquistado gradualmente por pueblos bárbaros, como los francos y los vándalos, y en el año 410 d.C. Roma misma fue saqueada por los visigodos. *Romanitas* continuó a través de la lengua, las leyes y costumbres, pero el Imperio Romano dejó de existir.

8

9

10

6 Estatua de mármol de Mitra, siglo II d.C. Mitra, cuyo culto se originó en Persia fue una de las deidades orientales cuya veneración se extendió por todo el Imperio Romano durante los siglos II y III. Esta estatua representa a Mitra dando muerte al toro cuya sangre se creía había dado vida al mundo.

7 El Vaso de Portland, tan famoso por su accidentada historia como por su extraordinaria artesanía. Romano, principios del siglo I d.C. Una obra maestra de la técnica de cristal de cameo, el vaso muestra probablemente la boda de Peleo y Tetis, los padres del héroe griego Aquiles.

8 Lámpara de cerámica que muestra una carrera de carros en el Circo Máximo. Siglo II o principios del siglo III d.C. Pueden verse las cabezas de los espectadores alrededor de los bordes, las puertas de salida (*carceres*) y la barrera central. En el centro los carros de cuatro caballos (*quadrigae*) se afanan en una carrera alrededor de la pista. Las carreras de carros eran la forma de entretenimiento de masas más antigua del mundo romano.

9 Moneda con la efigie de Póstumo (260-269 d.C.). A mediados del siglo III d.C., el Imperio Romano se hallaba inmerso en el caos. En el año 261 el emperador galo Póstumo, que aparece en la moneda con los atributos de Hércules, aprovechó la situación y proclamó un imperio galo independiente. El nuevo imperio comprendía Francia, España, Gran Bretaña y Alemania; tenía su capital en Trier y duró alrededor de quince años.

10 Casco de gladiador, siglo I d.C. Los juegos de gladiadores, en los que luchaban hombres armados, algunas veces a muerte, eran una forma popular de entretenimiento en todo el imperio. En los juegos no se trataba simplemente de derramar sangre; la audiencia quería un buen espectáculo con mucha destreza.

d.C. Se extiende la Ciudadanía Romana a todos sujetos libres de las provincias	286 d.C. Primera división del Imperio bajo Diocleciano		395 d.C. División final del Imperio en Oriente y Occidente
	Se reconoce la libertad de profesar la Fe Cristiana bajo Constantino 313 d.C.	Los Visigodos saquean Roma 410 d.C.	Deposición del último Emperador Romano de Occidente 476 d.C.
		330 d.C. Consagración de Constantinopla como la nueva Capital Imperial	
250 d.C.	300 d.C.	350 d.C.	400 d.C.	450 d.C.

Gran Bretaña Romana

En el año 43 d.C. un ejército romano de unos 40,000 soldados cruzó el Canal de la Mancha hasta Gran Bretaña. A pesar de que hubo resistencia ante la invasión fue prontamente sometida y aunque las campañas militares continuaron por muchos años en el norte y en el oeste, el emperador romano Claudio pudo viajar hasta Gran Bretaña para recibir la rendición de once reyes británicos. Gran Bretaña se convirtió en una provincia del Imperio Romano.

De hecho, ya había existido un largo periodo de contacto entre Gran Bretaña y el mundo romano, pero aún así la conquista trajo consigo profundos cambios. Durante casi cuatrocientos años, el latín fue la lengua oficial y los ordenamientos jurídicos y administrativos británicos eran los de Roma. Las ciudades, los impresionantes edificios de piedra y ladrillo, las calzadas y puentes, la religión y el arte clásicos, se hicieron comunes. La variedad de objetos cotidianos, incrementada en gran medida, incluía mucha mercancía importada y los colonos procedentes de otras provincias de Europa, del Oriente Medio y del norte de África crearon una sociedad más rica y variada.

Y sin embargo, el modo de vida romano no reemplazó totalmente a la cultura británica existente y hubo una continuidad, además de cambios. El grado de «romanización» variaba de una región a otra y dentro de las diferentes comunidades, pero la herencia nativa no desapareció ni se suprimió por completo. A lo largo de varias generaciones, las tradiciones de la sociedad de la Edad del Hierro interactuaron y se combinaron con los elementos clásicos para formar una distintiva identidad cultural romano-británica.

Britannia no gozó siempre de paz. Se estuvo a punto de perder esta provincia en el año 60 d.C., cuando Búdica, la reina viuda de la tribu de los icenos de East Anglia, dirigió una revuelta en contra del nuevo régimen romano. Incluso con la construcción del Muro de Adriano después de la visita a Gran Bretaña del emperador en 122 d.C., había disturbios periódicos cuando las tribus del norte cruzaban la frontera y asolaban la provincia. Se han encontrado cientos de tablillas de escritura en el fuerte romano de Vindolanda, cerca del Muro de Adriano, que proveen una clara imagen de la guarnición en los difíciles tiempos que precedieron a la construcción del muro. Para el siglo IV d.C., sin embargo, parece que Gran Bretaña se había convertido en una parte del imperio relativamente segura y próspera. Las villas de los ricos alcanzaron su máximo grado de opulencia, con edificios grandiosos y coloridos mosaicos. Los cristianos, a quienes ya no se perseguía debido al Edicto de Tolerancia del emperador Constantino en el año 313 d.C., pudieron practicar su religión más abiertamente y se han encontrado indicios de la expansión de ésta a lo largo de toda la provincia. Pero la diversidad religiosa parece haber continuado y es muy probable que durante la época tardía de la Gran Bretaña romana hubiera una compleja mezcla de creencias y prácticas religiosas, algunas de ellas romanas, otras nativas y otras procedentes del este.

Hacia finales del siglo IV d.C., hubo un incremento en el número de ataques a la provincia, incluida la llamada «Conspiración Bárbara» del año 367 d.C., a cargo de los pictos, escoceses, sajones y atacotis. El gobierno y la administración de Gran Bretaña comenzaron a colapsarse, los edificios tanto en el campo como en las ciudades se fueron deteriorando, y las unidades del ejército se retiraron de la provincia. Finalmente, en el año 410 d.C., el emperador Honorio aconsejó a las ciudades de Gran Bretaña «que se encargaran de su propia defensa». No hubo un éxodo masivo de «romanos» (ya para entonces la gente de Britannia era romano-británica), aunque sí se dio un cambio gradual pero fundamental en el estilo de vida a medida que Gran Bretaña caía progresivamente bajo el control de los sajones procedentes del otro lado del Mar del Norte.

1

43 d.C. Conquista Romana de Gran Bretaña	122 d.C. El Emperador Adriano visita Gran Bretaña	211 d.C. Muerte del Emperador Séptimo Severo en York
60-61 d.C. Revuelta de Búdica		
50 d.C.	100 d.C.	150 d.C.	200 d.C.	25

El Ejército Romano

La *pax romana* (la paz reinante a lo largo del vasto Imperio Romano entre los siglos I y II d.C.) dependía en gran medida del eficaz ejército que defendía sus fronteras. Procedentes de todos los rincones del imperio, los soldados estaban organizados en legiones que comprendían entre tres y seis mil soldados de infantería, apoyados por la caballería, ingenieros militares, artesanos y administradores. Con frecuencia sus generales eran políticos de profesión más que soldados profesionales. Cuando no estaban realizando campañas, los soldados se asentaban en fuertes. Las cartas y los objetos que se han recuperado en el fuerte de Vindolanda, cerca del Muro de Adriano, ofrecen una clara perspectiva de la vida cotidiana de los soldados extranjeros que estaban de guarnición allí. Esta carta está escrita en tinta sobre tabla de madera.

2

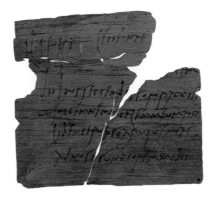

3

1   Cabeza de bronce de una estatua colosal (1,25 veces más grande que el tamaño natural) que representa al emperador Adriano (117-38 d.C.), encontrada en el río Támesis, cerca del tercer arco del Puente de Londres. La estatua estuvo probablemente situada en un edificio o espacio público, como el foro.

2   La cabeza de Cristo ilustrada en el centro de un gran suelo de mosaico, siglo IV d.C., procedente de una villa Romana en Hinton St Mary, Dorset.

3   Tablilla de escritura a tinta procedente del fuerte de Vindolanda. Se trata de una invitación de cumpleaños escrita aproximadamente en los años 97-103 d.C., enviada por Claudia Severa a Sulpicia Lepidina, la esposa del comandante de la guarnición en Vindolanda. La parte principal fue escrita por un escriba pero las cuatro cortas líneas que terminan la carta, en la parte de abajo a la derecha, fueron ejecutadas por la mano de la propia Claudia Severa. Representan el ejemplo más temprano de escritura en latín hecho por una mujer en todo el Imperio Romano.

367 d.C. Gran Bretaña bajo ataque de la «Conspiración Bárbara»

410 d.C. Final de la Gran Bretaña Romana

| 300 d.C. | 350 d.C. | 400 d.C. | 450 d.C. |

Europa Medieval

Tras el hundimiento del Imperio Romano en siglo V d.C., las clases gobernantes locales de todas las provincias se vieron obligadas a proteger su estilo de vida romano de la amenaza de las invasiones de los pueblos bárbaros y de las discordias internas. Una de las regiones en las que la aristocracia romanizada sobrevivió relativamente sin cambios fue en el este de Europa, donde el imperio bizantino continuó su dominio durante otros mil años. En el oeste, sin embargo, los «romanos» locales hacían frente a un futuro lleno de problemas. Una de las tácticas que adoptaron fue conseguir la ayuda de los propios bárbaros: en Gran Bretaña, por ejemplo, los pueblos anglosajones llegaron primero como mercenarios y pronto establecieron sus propios reinos, al igual que lo hicieron otros pueblos germánicos en Francia e Italia.

Durante esta época, la religión cristiana diseminó la cultura clásica entre los pueblos celtas en la periferia occidental de lo que había sido el imperio y más allá, hasta Irlanda, donde el aprendizaje del latín y las artes asociadas a éste, como la metalurgia, la iluminación de manuscritos y la escultura, florecieron a principios de la Edad Media. Los eruditos y misioneros irlandeses contribuyeron al desarrollo de los recién creados reinos de Gran Bretaña y Europa.

Bajo los auspicios de los nuevos gobernantes anglosajones, las tradiciones artísticas germánicas se combinaron con los elementos clásicos para producir las impresionantes joyas y armas descubiertas en ricas tumbas como la nave funeraria del siglo VII descubierta en Sutton Hoo. Aunque la conversión de los reyes paganos al cristianismo puso fin a la práctica del enterramiento de artefactos con el difunto, ayudó a reunificar el occidente de Europa y esto a su vez asentó los cimientos para un resurgimiento del saber a principios del siglo IX.

Para el siglo XI, el comercio y las guerras habían ayudado a consolidar grandes reinos en la Europa occidental, mientras que los marineros vikingos procedentes del norte ya se habían aventurado desde el Báltico hasta el Mediterráneo. Aunque en Europa las incursiones vikingas al continente fueron con frecuencia breves y devastadoras, en Gran Bretaña e Irlanda los asentamientos vikingos fomentaron el crecimiento del comercio y el desarrollo urbano. Por primera vez en su historia, Escandinavia pasaba a formar parte de la esfera europea.

A medida que las naciones europeas se cristalizaban, comenzaron a desarrollar estilos artísticos comunes. La arquitectura románica, caracterizada por arcos de medio punto de inspiración clásica y techos con bóveda de cañón, se adoptó en las iglesias

1

2

476 d.C. Deposición del último Emperador Romano de Occidente		597 d.C. Llegada de Agustín a Kent			Coronación de Carlomagno 800 d.C.		
500 d.C.	550 d.C.	600 d.C.	650 d.C.	700 d.C.	750 d.C.	800 d.C.	850

4

5

1 Escultura bizantina en marfil. Procedente de Constantinopla, siglo VI d.C. Esta escultura del arcángel Miguel, que es un tablero de un díptico de marfil, ilustra la presencia de las tradiciones griegas y romanas en el arte bizantino.

2 Piezas de ajedrez, probablemente hechas en Noruega, aprox. 1150-1200 d.C. Estas piezas, encontradas en la isla de Lewis, Hébridas Exteriores, Escocia, están talladas en marfil de morsa y barbas de ballena, representando a reyes y reinas sentados, obispos con mitra, caballeros en su cabalgadura, y peones y guardianes de pie, en forma de obeliscos.

3 Cruz de cobre dorado y esmalte, de estilo románico, procedente de un altar de Mosan, aprox. 1160 d.C.

4 La fíbula de Londesborough. Plata dorada con incrustaciones en ámbar. Irlandesa, de mediados a finales del siglo VIII d.C. Una de las más bellas fíbulas de la colección medieval del museo. Puede que haya pertenecido a un rey o al tesoro de una iglesia; pero se desconoce su historia antes de pasar a formar parte de la colección de Lord Londesborough.

5 Azulejos que representan a Ricardo I y Saladino. Procedente de Chertsey, Inglaterra, aprox. 1250-60 d.C. Esta escena que representa a Saladino recibiendo un golpe mortal de la lanza de Ricardo I no está basada en un hecho real ya que, aunque es bien sabido que eran adversarios durante la Tercera Cruzada (1189-92 d.C.), Saladino no murió a manos de Ricardo.

Toma de Jerusalén durante la Primera Cruzada 1099 d.C.

Construcción de la Catedral de Chartres 1194 d.C.

1215 d.C. Carta Magna

899-900 d.C. Muerte de Alfredo el Grande

Batalla de Hastings 1066 d.C.

Toma de Constantinopla durante la Cuarta Cruzada 1204 d.C.

| 900 d.C. | 950 d.C. | 1000 d.C. | 1050 d.C. | 1100 d.C. | 1150 d.C. | 1200 d.C. |

y los edificios monásticos tanto en el norte como en el sur de Europa desde el siglo IX hasta el siglo XII. El posterior ascenso francés al poder en el siglo XIII coincidió con una tendencia general hacia el estilo gótico, caracterizado por arcos apuntados, techos con bóveda de crucería y proporciones más estilizadas. Las grandes catedrales góticas del norte de Europa son un magnífico ejemplo del nuevo énfasis que se puso en la ejecución de ambiciosos proyectos artísticos, aunque los logros artísticos a menor escala en disciplinas como la técnica de esmaltado y la talla de marfil son igualmente elocuentes.

La cultura de las cortes, construida a base de matrimonios dinásticos internacionales, promocionaron sus propios intereses intelectuales, especialmente en el campo de la literatura. Las nociones del amor romántico elaboradas por los poetas trovadores del Languedoc del siglo XI llegaron a formar un código de conducta formal que determinó el comportamiento de la aristocracia. Muchas de las artes decorativas prosperaron en este ambiente de lujo. Los objetos ofrecidos en prueba de amor, como joyas de alto rango inscritas, circulaban ampliamente y se producían

suntuosos casquetes realizados en marfil y estuches para espejos en los talleres parisinos del siglo XIV para su venta a aristocráticos clientes.

Los artículos de lujo viajaban desde el oriente a lo largo de rutas establecidas por los comerciantes mongoles. El incremento del comercio y la mayor densidad de población en las ciudades, sin embargo, tuvo el efecto adverso de propagar enfermedades a lo largo de estas mismas rutas. La Peste Negra (o plaga bubónica) que dominó periódicamente la Edad Media llegó a Constantinopla en el año 1347 d.C. Italia, Francia, España, Portugal y el sur de Inglaterra, fueron víctimas de la plaga durante el año 1348. Aproximadamente un tercio de la población de Europa fue diezmada durante este primer brote, que continuó su curso hacia Escocia y Alemania, llegando al Báltico en 1350.

Se buscaban constantemente curas para la infección, tanto de los santos como de los médicos, al mismo tiempo que la devoción hacia los primeros y la veneración de sus reliquias avivaban el sentimiento religioso.

A partir del siglo IX se coleccionaron reliquias con avidez, y el prestigio de

6

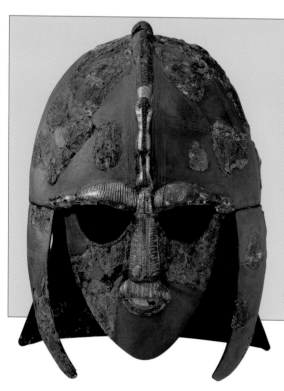

La Nave Funeraria de Sutton Hoo

En 1939, en la excavación de un gran túmulo en Sutton Hoo, en Suffolk, se descubrió un impresionante hallazgo: un rico enterramiento anglosajón colocado dentro del casco de una gran nave. Entre los tesoros descubiertos en su interior destacan grandes cantidades de oro, joyas y artículos funcionales como armas y cubos, además de un instrumento musical. La tumba, que por las monedas descubiertas ha podido fecharse como perteneciente al siglo VII, parece ser la de un próspero gobernante local, posiblemente Red Valdo, rey de los anglos orientales y señor de los reinos anglosajones que murió en el año 625 d.C. Entre los hallazgos más espectaculares se incluyen este magnífico casco de hierro, un par de broches para los hombros con granates y cristales de colores incrustados, y la hebilla de cinturón de oro (núm. 6).

algunas iglesias en particular concedía a menudo un cierto estatus a las reliquias que poseían. Eran instaladas con frecuencia en suntuosos templos y relicarios, que se convirtieron en centros de peregrinación y en los que se realizaban milagros. Los tres centros más importantes de peregrinación eran Roma, Santiago de Compostela y Canterbury. Por supuesto, el destino más importante era Tierra Santa, que estaba bajo control musulmán. Las tensiones generadas por esta situación culminaron, entre los siglos XI y XIII, en las Cruzadas, una serie de expediciones militares que tenían como objetivo recuperar los lugares santos cristianos en el Oriente Próximo. Sin embargo, el principal efecto de las Cruzadas fue la debilitación del poder bizantino en la región, resultando finalmente en la caída de Constantinopla en el siglo XV.

9

7

8

6 | Hebilla de oro perteneciente a un cinturón. Procedente de la nave funeraria de Sutton Hoo, Suffolk, Inglaterra. Principios del siglo VII d.C. La superficie está decorada con ondulantes serpientes y bestias de cuatro patas entrelazadas, cuyos cuerpos están delineados por diseños realizados a punzón y nielado.

7 | Figura chapada en plata utilizada probablemente para decorar un relicario. Inglesa o francesa, finales del siglo XIII o principios del XIV.

8 | Icono representando a San Jerónimo extrayendo una espina de la pata de un león. Probablemente procedente de Creta, principios del siglo XV.

9 | La Copa Real de Oro. Oro esmaltado, aprox. 1380 d.C. Esta exquisita obra maestra del arte gótico francés fue originalmente producida como un obsequio para Carlos V de Francia, pero formó parte de las colecciones reales inglesas de los siglos XV y XVI. La decoración muestra escenas de la vida de Santa Inés.

El Renacimiento y la Europa Posterior

El período que se extiende desde el siglo XIV hasta la muerte de Miguel Ángel en el año 1564 se denomina Renacimiento. Fue un periodo caracterizado por un renovado énfasis en el aprendizaje de los clásicos que se utilizó como la base para la interpretación humanista del universo. Sus principios se manifiestan elocuentemente en las disciplinas artísticas de Italia, donde la obra de Giorgio Vasari «Vidas de los Más Excelentes Pintores, Escultores y Arquitectos» (1550), fue el puntal para el establecimiento de un marco de trabajo crítico dentro del cual se desarrolló el arte europeo, lo que aportó un nuevo prestigio a los propios artistas. Alberto Durero fue un punto vital de contacto entre la cultura del norte y la del sur de Europa después de sus dos viajes a Italia de 1494-95 y de 1505-07, y adquirió un renombre personal sintomático del estatus cambiante de los artistas.

La Reforma y la difusión del protestantismo en el norte tuvo profundas implicaciones en la imaginería religiosa que se benefició de la introducción de la imprenta para la propagación de sus ideas. Sucesivas oleadas de persecuciones religiosas llevaron al exilio a muchos grupos importantes de artesanos; los protestantes hugonotes, por ejemplo, entre los que se encontraban orfebres, pintores de miniaturas, relojeros y talladores de marfil, fueron expulsados de Francia y desde mediados del siglo XVI se asentaron en Inglaterra.

La importancia que se le seguía concediendo al conocimiento del mundo clásico se convirtió en el arquetipo del fenómeno de la Gran Gira, parte indispensable de la educación de la aristocracia británica desde principios del siglo XVII. Su mecenazgo dio como

1

2

3

	Brunelleschi añade la Cúpula a la Catedral de Florencia 1420		1457 Se imprime el primer libro: «Mainz Psalter»		1506 Bramante reconstruye la Catedral de San Pedro, Roma	Palladio : *Cuatro Tr sobre Arquitectura*
		Caída de Constantinopla 1453		Primer viaje de Cristóbal Colón a América 1492	1517 Lutero publica sus 95 Tesis	
					Miguel Ángel pinta la Capilla Sixtina, Roma 1508-41	Nacimiento de Shakespeare 1564
1400	1425	1450	1475	1500	1525	1550

5

| **1** | **2** | **3** | **4** | **5** |

1 Medalla de bronce fundido de León Batista Alberti (1404-72) realizada por Mateo de Pasti (fl. aprox. 1441-68). Alberti, uno de los primeros intelectuales del Renacimiento, fue autor de tratados sobre pintura, escultura y arquitectura.

2 «Némesis» o «La Gran Fortuna», realizada por Alberto Durero (1471-1528) en 1501-2. La figura central de «Némesis» en este grabado se basa en el canon de proporciones derivado del tratado clásico de Vitruvio sobre arquitectura, un texto fundamental del Renacimiento.

3 «La cabeza ideal de una mujer», realizada por el escultor, pintor, arquitecto y poeta Miguel Ángel Buonarroti (1475-1564). Este detallado dibujo data de la segunda mitad de la década de 1520. Se trata de una obra de arte por propio derecho cuyo propósito era el de obsequiar a un mecenas o amigo cercano.

4 Thomas Tompion (1639-1713) fue uno de los más famosos relojeros de Europa. Estuvo a la vanguardia de los avances tecnológicos pero también sus piezas para uso doméstico tuvieron gran demanda, como este reloj de viaje en miniatura con cuerda para ocho días recubierto por una delicada caja de plata. Es posible que fuera hecho para un cliente francés, un hugonote, que residía en Inglaterra.

5 Cuenco de mayólica (loza de barro vidriado) realizado por Nicolás de Urbino. Pintado aproximadamente en el año 1524, pertenece a un juego realizado para la excepcional mecenas y coleccionista Isabella de Este, de Mantua, cuyo escudo de armas y emblemas aparecen en el centro.

| | 1618 Comienzo de la Guerra de los Treinta Años en Alemania | Último ataque Otomano a Viena 1683 | | Fundación del Museo Británico 1753 |
| | | Newton publica sus Principios Matemáticos 1687 | | |

| 1600 | 1625 | 1650 | 1675 | 1700 | 1725 | 1750 |

El Espíritu Investigador

Uno de los aspectos del espíritu inquisitivo fomentado por el Renacimiento era el deseo de ofrecer una clasificación sistemática en todos los campos del saber. Esta actitud se aplicó en última instancia a la disposición de muchas de las colecciones que posteriormente fueron incorporadas a los principales museos de Europa. Uno de los primeros fue el Museo Británico, fundado por un Acta del Parlamento en 1753 para albergar las colecciones de Sir Hans Sloane (1660-1753), médico de profesión, cuyo lucrativo consultorio le permitió complacer su gran pasión por las ciencias naturales y el coleccionismo. Se convirtió en Miembro de la Royal Society en 1685 y en 1727 sucedió a Newton en el cargo de presidente. A su muerte legó (además de una biblioteca y un herbario) unos 80.000 objetos, que incluían «artefactos relacionados con las costumbres de la edad antigua o antigüedades», monedas y medallas, libros, grabados y manuscritos. Ese mismo ímpetu por ampliar las fronteras del saber, junto con los intereses comerciales de las cortes europeas, proporcionó el incentivo para las exploraciones geográficas. El establecimiento de rutas comerciales adicionales y de contactos con continentes desconocidos hasta entonces, introdujeron nuevos materiales e imaginería que tuvieron un impacto inmediato en la cultura europea.

6

resultado la importación de innumerables antigüedades, antiguas obras maestras de la pintura, y grabados y dibujos, además de contribuir al florecimiento de Roma y Nápoles como importantes centros artísticos a finales del siglo XVIII. Durante esta época el legado de la antigüedad, estimulado por los nuevos descubrimientos arqueológicos, desempeñaba un papel dinámico en la evolución del estilo neoclásico que se ve perfectamente reflejado en los artículos de cerámica de Josiah Wedgwood. Su inspiración se deriva en gran parte de la colección de vasos griegos que el Museo Británico adquirió de Sir William Hamilton, el Enviado británico en Nápoles, en 1772.

En contraste con el decoro del Neoclasicismo se encuentra el énfasis romántico en los efectos sublimes extraídos de la relación entre el hombre y la naturaleza. Las primeras manifestaciones de la Revolución Industrial y la convulsión política de finales del siglo XVIII y principios del XIX se combinaron para engendrar un ambiente de fervor apocalíptico que ejerció tanta influencia en la obra del artista y poeta visionario William Blake. Las guerras napoleónicas ayudaron a cristalizar el sentimiento nacionalista que adquirió ímpetu en toda Europa en el siglo XIX. Con frecuencia esto se manifestó, en términos artísticos, con el resurgimiento histórico. Por ejemplo, el edificio neoclásico diseñado por Robert Smirke para el Museo Británico estaba en sí mismo vinculado con la creencia de que Atenas era la cuna de la democracia cuyo legado estaba incorporado al sistema político británico. Por otro lado, el resurgimiento gótico cuyo exponente más brillante en Gran Bretaña fue A.W.N. Pugin, fue el estilo elegido para el diseño y decoración del nuevo edificio del Parlamento que se inauguró en 1847, puesto que evocaba los valores espirituales de la Edad Media cristiana.

7

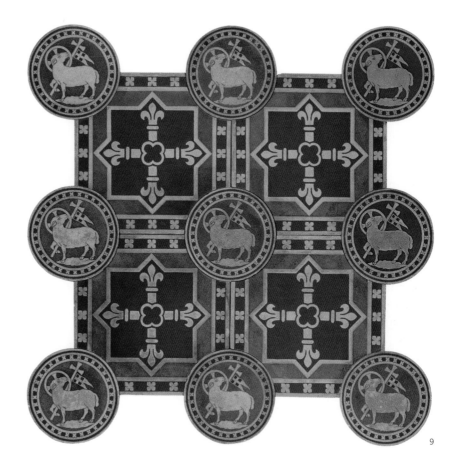

9

8

6 Sir Isaac Newton (1642-1727) de David Le Marchand (1674-1726). Newton, un matemático, físico, astrónomo y filósofo inglés, personificó el espíritu de investigación científica que caracterizó al Siglo de las Luces. Este busto de marfil fue esculpido del natural por Le Marchand, un tallista de marfil hugonote, en 1718.

7 Lámina 8 de «La Canción de Los», 1795, realizado por William Blake (1757-1827). En los primeros años de la década de 1790 Blake se centró en la impresión de una serie libros proféticos de su propia invención que comprendían tanto textos como imágenes, que realizó en color. «La Canción de Los» termina con una imagen de Los que representa el espíritu creativo esperando ansiosamente la redención del hombre.

8 El Vaso de Pegaso fue presentado por Josiah Wedgwood al Museo Británico en 1786 como un ejemplo de la calidad del arte producido en su taller de Etruria, en Staffordshire. John Flaxman (1755-1826) esculpió el motivo principal del diseño, denominado «la Apoteosis de Homero», para Wedgwood en 1778, basándose en el dibujo de un vaso ateniense de figuras rojas que formaba parte de la colección de Hamilton.

9 Panel de baldosa procedente del suelo de la catedral católica romana de St. George en Southwark, Londres, construido entre los años 1841 y 1848. El suelo, diseñado por el arquitecto de la catedral, A.W.N. Pugin y fabricado por Minton & Co., incorpora motivos medievales dentro de un esquema de diseño y color muy original.

Europa y América en la Edad Moderna

Durante el transcurso del siglo XIX el concepto de modernidad se hizo inseparable del desarrollo de una sociedad urbana consumista e industrializada cuyo advenimiento culminó en la Exposición Universal de 1851 celebrada en el Palacio de Cristal de Londres. Fue imposible para los artistas y diseñadores o para los educadores mantenerse al margen de los medios de producción, lo que dio lugar, por un lado, a un deseo de aplicar los principios del buen gusto al proceso de producción en masa y, por otro lado, a la creencia rusquiniana en la superioridad moral y artística de la artesanía. Uno de los diseñadores más innovadores de finales del siglo XIX fue el profesor de botánica Christopher Dresser, quien alcanzó una considerable individualidad de expresión en todas las ramas de las artes aplicadas, haciendo uso de la nueva tecnología con particular éxito en sus diseños en metal. Rechazó rotundamente

el historicismo eurocentrista en favor de influencias tan variadas como la japonesa, sudamericana e islámica, trabajando tanto con formas orgánicas como con formas geométricas.

Charles Rennie Mackintosh, el arquitecto de la Escuela de Arte de Glasgow, introdujo nuevos principios estructurales en el diseño de sus edificios y accesorios relacionados, lo que contribuyó al desarrollo de un estilo modernista internacional. Sin embargo, a Mackintosh no le interesaba la democratización del diseño mediante la colaboración con la fabricación industrial. De este asunto se ocupó el Deutsche Werkbund de Alemania fundado en 1907 y posteriormente la Bauhaus fundada en 1919, y Escandinavia cuyos productos adquirieron una gran fama por la excepcional calidad de su diseño y que estaban dirigidos a un amplio mercado.

En las bellas artes, el movimiento

modernista estuvo unido a un debilitamiento de la autoridad académica y a un deseo de crear nuevas formas de expresión para la vida contemporánea. Los pintores impresionistas franceses que exhibieron sus obras en grupo entre 1874 y 1886, liberaron el concepto de creación artística y traspasaron el énfasis de la sanción tradicional a la continua reivindicación de una identidad vanguardista. No existe mejor ejemplo de la constante capacidad de renovación en el siglo XX que la carrera de Picasso, cuya influencia como pintor, dibujante, grabador y escultor ha sido universal.

El expresionismo, que se desarrolló en Alemania en la primera década del siglo XX, proporcionó un vocabulario muy cargado especialmente apropiado para transmitir el sentido de desplazamiento y trauma creado por la Primera Guerra Mundial y sus consecuencias. A principios de la década de los años 20 el

1

2

	1851 Exposición Universal de Londres				Muerte de la Reina Victoria 1901	1907 Fundación del Deutsche W
		1859 Darwin publica *El Origen de las Especies*				Revolución Rusa 19
	1850 Se termina el Museo Británico		1870 Guerra Franco-Prusiana		Picasso pinta *Las Señoritas de Avignon* 1907	1914 -18 Primer Mundial
1850	1860	1870	1880	1890	1900	1910

3

4

5

1 Edgar Degas (1834-1917), *Bailarinas en la Barra*, 1876-7. Entre los temas que atrajeron a los impresionistas se encontraban el ocio y el entretenimiento. Degas eligió el mundo de las bailarinas de la Ópera de París como uno de sus temas principales. Se sintió atraído no sólo hacia el espectáculo de la danza, sino también hacia los momentos privados detrás del escenario o en la sala de prácticas, tal y como lo muestra este estudio para un cuadro que se encuentra en el Museo Metropolitano de Arte, de Nueva York.

2 Tetera niquelada-plateada electrochapada, diseñada por Christopher Dresser en 1879 y fabricada por la firma James Dixon & Sons, de Sheffield. La tetera es una copia de las modernas teteras chinas cuadradas y no se parecía a nada de lo que se había hecho hasta entonces en Europa Occidental. Pero los costos de fabricación eran muy altos ya que requería gran cantidad de trabajo manual. Este es el único ejemplar que se conoce.

3 Estudio para *Las Señoritas de Avignon* 1907, realizado por Pablo Picasso (1881-1973). Desde el otoño de 1906 hasta el verano siguiente, Picasso estuvo inmerso en la elaboración de numerosos estudios que dieron como resultado su controvertida obra de *Las Señoritas de Avignon*, la piedra angular del arte moderno. Tal y como Picasso finalmente dejó el cuadro, la composición comprendía cinco figuras femeninas, incluida una asociada a la figura de este estudio.

4 E. L. Kirchner (1880-1938) fue una figura clave dentro del grupo de artistas «Die Brücke», con base en Dresden y después en Berlin entre 1905 y 1913. Su reinterpretación de las xilografías fue clave para el desarrollo del estilo expresionista, con el cual se identificaron. Uno de los ejemplos más impresionantes de la extensa obra de Kirchner como grabador es este retrato, hecho en 1915, de su amigo y también artista Otto Mueller (1874-1930).

5 Reloj que formaba parte del mobiliario diseñado por C.R. Mackintosh (1868-1928) en 1919 para la habitación de huéspedes de una casa victoriana en Northampton, que transformó completamente para su dueño, el fabricante de maquetas de ingeniería W.J. Bassett-Lowke.

| 1939-45 Segunda Guerra Mundial | 1969 Primer alunizaje | 1989 Caída del Muro de Berlín |

| 1930 | 1940 | 1950 | 1960 | 1970 | 1980 | 1990 |

expresionismo había perdido su atractivo para las facciones artísticas más radicales, quienes dieron giros muy diversos para idear lenguajes visuales antirracionales como el dadaísmo o el surrealismo, o los elementos rigurosamente compuestos del constructivismo que el profesor de la Bauhaus, Moholy-Nagy, describió como «fundamentos que son sin duda..... el socialismo de la visión».

La última parte de la carrera de Moholy-Nagy, al igual que la de muchos otros emigrantes procedentes de Alemania y de Europa del este, se desarrolló en América que se convirtió en la principal beneficiaria de los progresos que tuvieron lugar en Europa en el período de entreguerras. Gracias a su apasionante imaginería industrial y urbana, y a su extenso mercado interior para los bienes de consumo, los EE.UU. ofrecieron un campo fértil para los diseñadores, artistas y teóricos. Uno de los tratados más influyentes del «americanismo» fue el estudio histórico *Mechanization Takes Command* publicado en 1948 por el autor suizo Siegfried Giedion, que se convirtió en un texto fundamental en Gran Bretaña para artistas como Richard Hamilton y Eduardo Paolozzi. Al mismo tiempo, la asimilación del cubismo, el surrealismo y la abstracción pura de artistas como el bávaro Hans Hofmann o el holandés Piet Mondrian asentaron los cimientos del movimiento americano por excelencia, el expresionismo abstracto. A mediados de los años 60 comenzó a surgir una identidad europea más definida, acompañada por un mayor eclecticismo en el arte y en el diseño, tanto en EE.UU. como en otros países, que supieron reconocer el cada vez mayor pluralismo de la referencia cultural en nuestra sociedad internacional.

6

7

8

9

10

6 Una de las 23 piezas de porcelana de la Rusia revolucionaria hecha en Petrogrado (San Petersburgo) en 1921 para reunir dinero para las víctimas del hambre. Los materiales y la tecnología eran los mismos que los que se utilizaban para los artículos de lujo durante la época zarista, pero el vocabulario era nuevo, creando un diseño dinámico, tanto por el uso de letras como el de la fecha en el centro del plato, rodeados de espigas de trigo, un símbolo tradicional que representa el hambre o la abundancia.

7 La cartera de litografías que László Moholy-Nagy (1895-1946) realizó en 1923 es sin duda una de las expresiones más puras de los valores constructivistas en el campo del grabado. Sus principales intereses radicaban en la fotografía, la tipografía y el diseño industrial, a los que se dedicó tanto en la teoría como en la práctica en la Bauhaus y luego en la Escuela de Diseño que abrió en Chicago en 1939.

8 Urna para agua caliente plateada, diseñada en 1934 por el arquitecto finlandés Eliel Saarinen (1873-1950) para la Academia de Arte Cranbrook, Michigan. Saarinen fue uno de los influyentes emigrantes europeos que ayudaron a promover el diseño moderno en América. La Academia Cranbrook le debe mucho a la Bauhaus, una escuela anterior de Alemania, con talleres para trabajos en metal, tejidos y cerámicas.

9 Ulises, la obra maestra del modernismo, de James Joyce, publicada en 1922, y que ha obsesionado a Richard Hamilton desde 1947. El grabado y aguatinta En la Casa de Horne fue terminado en 1982 para celebrar el centenario del nacimiento de Joyce. El tema es la emergencia de distintos estilos artísticos e incluye objetos de las colecciones del Museo Británico; es un paralelo visual del uso que hizo Joyce del nacimiento de un niño como metáfora del nacimiento de la lengua inglesa.

10 Terror. Virtud, de Ian Hamilton Finlay (1925-2006) con Nicholas Sloan. Medalla realizada en bronce fundido. Escocia, 1984. Esta medalla convirtió un episodio autobiográfico en una declaración política, atacando la mala administración de la burocracia a través de los siglos desde la Revolución Francesa. Las columnas representan la virtud, mientras que el objeto similar a una guillotina representa la opresión del estado.

Conservación y Restauración

No sólo se trata de que los museos coleccionen, documenten, investiguen, almacenen y expongan objetos fascinantes, también deben hacer todo lo posible por evitar que estos objetos sigan deteriorándose. Y decimos «sigan deteriorándose» a propósito puesto que es ley de vida que todos los objetos empiecen a deteriorarse a partir del momento de su producción. Sin embargo, este deterioro puede ralentizarse y ésta es la función del departamento de conservación del museo. Existen dos formas básicas de lograrlo, bien mediante la intervención directa («conservación activa») o proporcionándoles el mejor entorno posible a fin de que el proceso de deterioro se reduzca al mínimo («conservación pasiva»).

La conservación y restauración ya se practicaba de una forma u otra en el Museo Británico desde los primeros días de su existencia. Los primeros restauradores eran artesanos que habían aprendido con la práctica a hacer y a restaurar objetos. La necesidad de disponer de métodos especiales de restauración se hizo evidente en el año 1845 cuando, en un acto de vandalismo, el Vaso de Portland se rompió en 200 trozos. Un artesano del museo, Doubleday, fue el encargado de reparar el vaso, y realizó una labor excelente, ya que solamente fue necesario repetir el trabajo en 1948, y de nuevo en 1989. Estas tres fechas son interesantes puesto que representan las distintas etapas en el estado de las técnicas de restauración y la disposición hacia esta disciplina. En 1845 no había especialistas y Doubleday no estaba preparado profesionalmente. En 1948 había un equipo de «artesanos restauradores» que trabajaban profesionalmente pero que no disponían de cursos de capacitación y aprendían su oficio sobre la marcha. No hay

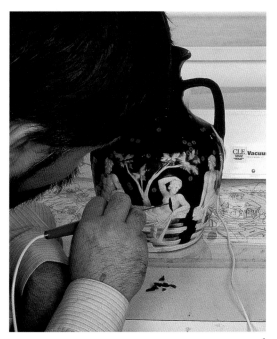

1

2

3

constancia del proceso de restauración del Vaso de Portland en 1845 o en 1948. En 1989 sin embargo, el proceso fue minuciosamente documentado e incluso se filmaron todos los pasos. Para entonces todos los restauradores recibían formación especializada y formaban parte del Departamento de Conservación establecido en 1975.

Muchos de los restauradores de hoy en día necesitan un grado muy alto de especialización. Existen restauradores especializados en tablillas con escritura cuneiforme, monedas y papiros, por ejemplo. También examinan todos los objetos que van a formar parte de las exposiciones permanentes o temporales con anterioridad, para asegurarse de que se encuentran en condiciones suficientemente estables para ser expuestos en las vitrinas del museo. Los materiales utilizados en la fabricación de las vitrinas también se prueban a fin de asegurar que no sean una fuente de contaminación inadmisible. También se comprueba que los niveles de luz en las salas no sean demasiado intensos puesto que esto podría ocasionar la decoloración y desintegración de los objetos expuestos. El propio ambiente no debe dar lugar a peligros adicionales y se miden la humedad, la temperatura, los niveles de polvo y la contaminación, que en la actualidad pueden controlarse a distancia. Los restauradores del Museo Británico participan con frecuencia en excavaciones arqueológicas cuando la restauración *in situ* es esencial para garantizar la supervivencia de los objetos recién descubiertos.

Aunque los procesos de conservación y restauración son muy exigentes, el museo tiene la responsabilidad de cumplir con ellos, asegurándose de que los objetos estén disponibles no sólo para nuestra generación sino también para los próximos cientos de años.

4

5

1 | Nigel Williams restaurando el Vaso de Portland en 1989. Se desmontaron las aproximadamente 200 piezas del vaso y se volvieron a montar utilizando materiales adhesivos más modernos, ya que el adhesivo utilizado en las anteriores restauraciones se estaba deteriorando.

2 | Fleur Shearman limpiando un bocado de caballo profusamente decorado excavado recientemente en Sutton Hoo.

3 | David Thickett comprobando un indicador de humedad en una de las galerías.

4 | Mitsuhiro Abe dando los retoques finales a un biombo del siglo XVIII, realizado por Toyoharu.

5 | Bridget Leach alineando los fragmentos de papiro para hacer legible el documento.

Investigación Científica

Cuando miramos un objeto en el Museo Británico, puede proporcionarnos una impresión inmediata de alguno de los aspectos de la vida cotidiana de aquellos que lo produjeron o que lo usaron, como por ejemplo con qué bebían o comían, los dioses en los que creían, incluso su apariencia física. Sin embargo, más allá de la primera impresión, existe una abundancia de información complementaria, que sólo puede ser obtenida mediante el uso de un sofisticado equipo científico. El museo financia laboratorios científicos que emplean a investigadores cuya misión es ampliar los estudios realizados con métodos más tradicionales por los conservadores de museo, contribuyendo así a su comprensión y mejorando su conservación.

Muchas de las piezas ilustradas en esta Guía han sido objeto de un examen científico riguroso. Radiografías, como las que se hacen en un hospital, se usan para ver más allá de la superficie de los objetos. Pueden ayudar a esclarecer las técnicas empleadas por los orfebres para fabricar impresionantes piezas de metalistería, como la Copa Real de Oro, o para revelar una filigrana en el papel de los dibujos de los Antiguos Maestros. Rayos láser y sofisticados microscopios pueden mostrar que el aspecto de un objeto se ha modificado drásticamente con los avatares del tiempo. Los restos de pigmento en las esculturas del Partenón proveen importantes pistas acerca de los colores utilizados originalmente, mientras que el análisis detallado de las piezas antiguas de metalistería nos permite ver más allá de la herrumbre acumulada durante siglos.

Los análisis químicos modernos pueden proporcionar información detallada sobre cómo fueron obtenidos o usados los objetos. Por ejemplo, mediante un espectrograma se pueden analizar los restos de metal que contiene una pieza de arcilla, de manera que las vasijas de cerámica como la mayólica italiana y el celedón coreano pueden atribuirse a las regiones o incluso al horno donde se manufacturaron. Los restos de materia orgánica en la superficie de una vasija pueden indicar el tipo de alimento que se cocinó en la misma o el aceite que contuvo.

Las cosas no son siempre lo que parecen, y la ciencia tiene ya una larga historia de descubrimientos de falsificaciones. La autenticidad sigue siendo un asunto importante para el museo, pero no es simplemente una cuestión de declarar que un objeto sea falso. También puede darse el caso de demostrar que un artefacto fuera de lo común, sin parecido a ningún otro, es realmente antiguo. Por ejemplo, en el año 2001, con la ayuda de la *Heritage Lottery Fund* y la *National Art Collections Fund*, el museo pudo adquirir un broche de oro de un guerrero celta por un coste aproximado de un millón de libras. Un examen detallado en los laboratorios del museo demostró fuera de toda duda que el broche era en efecto todo lo que proclamaba ser, facilitando así la compra con toda confianza.

2

1

94

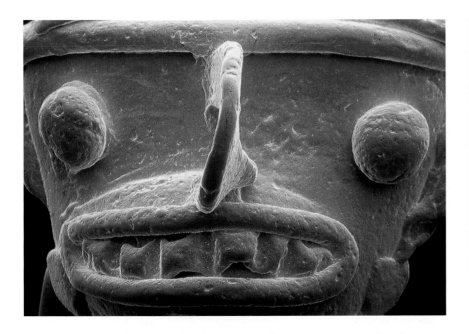

3

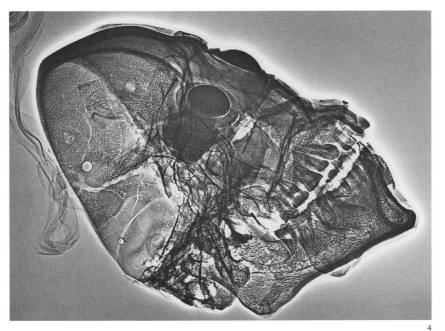

4

5

1 El cuidadoso examen de una figura egipcia (izquierda) bajo el microscopio, además de la fluorescencia de rayos X y las técnicas de difracción, permiten reconstruir su aspecto original (derecha).

2 Gracias al microscopio electrónico de barrido, podemos ver claramente el león grabado en un cilindro mesopotámico y también que fue tallado con un torno de joyero.

3 Un pendiente de oro procedente de Panamá. (Izquierda) El examen de la cabeza de una figura, perteneciente a un pendiente de oro, en el microscopio electrónico de barrido muestra que la técnica utilizada para su elaboración fue la fundición a la cera perdida.

4 Una radiografía revela el cráneo humano usado como base para un mosaico azteca de turquesa. (Núm. 5).

5 Máscara de mosaico de turquesa del dios creador Tezcatlipoca, «Espejo Humeante». Azteca/mixteca, 1400-1521 d.C. La corte azteca encargaba a artesanos mixtecos la producción de trabajo lapidario de gran calidad, entre las que destacan las obras maestras realizadas en mosaico.

Planos de las plantas

Algunas galerías están sujetas a un horario de apertura fijo. Todas las galerías que figuran en el plano como abiertas han de estarlo todos los días al menos durante una parte del horario. Para los detalles, consulte en el mostrador de información.

La Sala de Lectura está actualmente cerrada debido a exposiciones especiales. Durante ese tiempo sus servicios se prestan en la Biblioteca Paul Hamlyn, situada junto a la Sala 2.

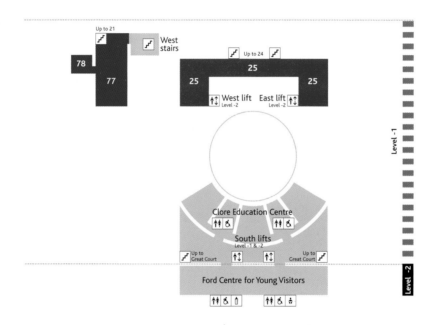

Planta sótano

■ **África**
25 África
Galerías Sainsbury

■ **Grecia y Roma antiguas**
77 Arquitectura griega y romana

Centro Clore de Actividades Educativas
Auditorio Hugh y Catherine Stevenson
Sala Claus Moser
Auditorio BP
Estudio
Salas Raymond y Beverly Sackler
Centro Samsung de Descubrimientos
*   Digitales*

Centro Ford para Visitantes Jóvenes